JOHANN SEBASTIAN BACH

MATTHÄUS-PASSION
ST MATTHEW PASSION

für Soli, Chor und Orchester / for Soli, Choir and Orchestra

BWV 244

Herausgegeben von / Edited by

Siegfried Ochs

Klavierauszug von / Vocal Score by

Kurt Soldan

EDITION PETERS

LEIPZIG · LONDON · NEW YORK

Aufführungsmaterial erhältlich · Orchestra Material available

INHALT

ERSTER TEIL

Seite

ZWEITER TEIL

MATTHÄUS-PASSION

Für Solostimmen, Chor und Orchester. Text nach dem Evangelisten Matthäus und Worten von Christian Friedrich Henrici (Picander), Musik von Johann Sebastian Bach.

Komponiert im Jahre 1729. Zum ersten Male aufgeführt am 15. April 1729, im Nachmittagsgottesdienst des Karfreitags in der Kirche zu St. Thomas zu Leipzig unter Leitung von Joh. Seb. Bach.

PERSONEN

Evangelist .... Tenor
Jesus .... Baß
Judas .... Baß
Petrus .... Baß
Hoherpriester .... Baß
Pilatus .... Baß
1. Magd .... Sopran
2. Magd .... Sopran
1. Priester .... Baß
2. Priester .... Baß
Pilati Weib .... Sopran
Zwei Zeugen .... Alt und Tenor

ORCHESTERBESETZUNG

Chorus I 2 Flauti (auch Flûtes à bec) — 2 Oboi (auch Oboi d'amore und Oboi da caccia)
Violino I — Violino II — Viola — Viola da gamba
Cembalo — Organo
Continuo (Violoncello, Fagotto, Contrabasso)

Chorus II 2 Flauti — 2 Oboi (auch Oboi d'amore)
Violino I — Violino II — Viola — Viola da gamba
Cembalo — Organo
Continuo (Violoncello, Fagotto, Contrabasso)

	Seite
Sopran	22
Alt	19
Tenor	13
Baß	22
Jesus	13

Passio Domini nostri J. C.
secundum Evangelistam Matthaeum

Erster Teil

Johann Sebastian Bach
(1685-1750)
BWV 244

1 Chorus

17 **Chorus I**

Sopr.
Kommt, ihr Töch - ter, helft mir kla - - - gen, helft mir kla - gen, kommt, ihr

Alto
Kommt, kommt, kommt, ihr Töch-ter, helft mir kla - -

Ten.
Kommt, kommt, kommt, ihr Töch - ter, helft mir kla - - -

Basso
Kommt, ihr Töch - ter, helft mir kla - - - gen, kommt, ihr Töch - ter, helft mir kla-gen, kommt,

17 (Chorus I)

mf

20

Töch - ter, helft mir kla - - - - - - - - - - - - - - - - - -

- -

- - - - - - - gen, helft mir kla - - gen, kommt, ihr Töchter, helft mir kla - - -

ihr Töch-ter, helft mir kla - - - - - - - - - - - gen, kommt, ihr Töchter, helft mir

20

23 A

- - - - - - - - - - - - - - - - - - gen, helft mir

- -

- - - - - - - gen, helft mir kla - - - - - - - - - - - - -

kla - - - - - - gen, kommt, ihr Töch-ter, helft mir kla - - - - gen, helft mir

23 A

tr

26
Chorus I
kla - gen, se - het den Bräu - ti - gam, seht ihn als wie_ ein
- gen, se - het den Bräu - ti - gam, seht ihn als wie_ ein
- gen, se - het den Bräu - ti - gam, seht ihn als wie ein
kla - gen, se - het den Bräu - ti - gam, seht ihn als wie ein
Chorus II
Sopr.
Wen? Wie?
Alto
Wen? Wie?
Ten.
Wen? Wie?
Basso
Wen? Wie?
26
28
Lamm, se - het den Bräu - ti - gam, seht ihn als wie_ ein
Lamm, se - het den Bräu - ti - gam, seht ihn als wie_ ein
Lamm, se - het den Bräu - ti - gam, seht ihn als wie ein
Lamm, se - het den Bräu - ti - gam, seht ihn als wie ein
Wen? Wie?
Wen? Wie?
Wen? Wie?
Wen? Wie?
28

30
B
Soprano in ripieno (Chori I.II)
O Lamm Got - tes un - schul - - - dig,
Lamm, kommt, ihr Töch - ter, helft mir kla - - - - - - - - - - -
Lamm, kommt, ihr Töch - ter, helft mir kla-gen, helft mir kla - - - - - - - - -
Lamm, kommt, ihr Töch - ter, helft mir kla - - - - gen, helft mir kla - - - - - -
Lamm, kommt, ihr Töch - ter, helft mir kla - - - - - - - - - - - -
33
am Stamm des Kreu - zes geschlach -
gen, se - het den Bräuti - gam, seht ihn als wie ein
gen, helft mir kla - - gen, se - het den Bräu - ti - gam, seht ihn als wie ein
gen, kommt, ihr Töch - ter, helft mir kla - gen, se - het den Bräu - ti - gam, seht ihn als wie ein
gen, helft mir kla - - - gen, se - het den Bräu - ti - gam, seht ihn als wie ein
Wen? Wie?
Wen? Wie?
Wen? Wie?
Wen? Wie?

36
tet,
Lamm, se - het den Bräu - ti - gam, seht ihn als wie ein Lamm.
Lamm, se - het den Bräu - ti - gam, seht ihn als wie ein Lamm.
Lamm, se - het den Bräu - ti - gam, seht ihn als wie ein Lamm.
Lamm, se - het den Bräu - ti - gam, seht ihn als wie ein Lamm.
Wen? Wie?
Wen? Wie?
Wen? Wie?
Wen? Wie?
36
f (Chori I.II)
39
42 C
Se - het, seht die Ge - duld, se - het, seht die Ge -
Se - het, seht die Ge - duld, se - het, seht die Ge -
Se - het, seht die Ge - duld, se - het, seht die Ge -
Se - het, seht die Ge - duld, se - het, seht die Ge -
Was? Was?
Was? Was?
Was? Was?
Was? Was?
42 C
mf
(Chorus I)

44
all - zeit er - funden ge - dul - - - dig,
duld, se - - het die Ge - duld, se - - - - - - - - - - -
duld, se - - het die Ge - duld, die Geduld, se - - - het die Geduld,
duld, se - - het die Ge - duld, se - - - het die Ge - duld, se - het die Ge -
duld, se - - het die Ge - duld, se - - - het die Ge - duld, die Ge - duld,
44
47
wie - wohl du wa - rest verach - -
- het die Ge - duld, se - het, seht die Ge - duld, se - het, seht die Ge -
die Geduld, se - het die Ge - duld, se - het, seht die Ge - duld, se - het, seht die Ge -
duld, se - - het die Ge - duld, se - het, seht die Ge - duld, se - het, seht die Ge -
se - het, se - het die Ge - duld, se - het, seht die Ge - duld, se - het, seht die Ge -
Was? Was?
Was? Was?
Was? Was?
Was? Was?
47

50
tet.
duld, se - het, seht die Ge - duld, se - het, seht die Ge - duld,
duld, se - het, seht die Ge - duld, se - het, seht die Ge - duld,
duld, se - het, seht die Ge - duld, se - het, seht die Ge - duld,
duld, se - het, seht die Ge - duld, se - het, seht die Ge - duld,
Was? Was?
Was? Was?
Was? Was?
Was? Was?
50
f (Chori I.II)
53
56
D
seht auf un - sre Schuld,
seht auf un - sre Schuld,
seht auf un - sre Schuld,
seht auf un - sre Schuld,
Wohin? Wo-hin?
Wo - hin? Wo-hin?
Wohin? Wo-hin?
Wo-hin?
56
D
mf
f

59

All

seht auf un - sre Schuld,

seht auf un - sre Schuld,

seht auf un - sre Schuld,

seht auf un - sre Schuld,

Wohin? Wo - hin?

Wo-hin? Wo - hin?

Wohin? Wo - hin?

Wo - hin?

59

mf

62

Sünd hast du ge - tra - - gen,

seht auf un - sre Schuld,

seht auf un - sre Schuld,

seht auf un - sre Schuld,

seht auf un - sre Schuld,

Wohin? Wohin? Wo - hin?

Wohin? Wohin? Wo - hin?

Wo-hin? Wo-hin?

Wo-hin?

62

f *p* *f* *p* *f* *p*

65
E
sonst müß - ten
seht, seht
seht, seht
seht, seht
seht, seht
Wohin? Wo -
Wohin?
Wohin?
Wohin?
65
E
f
p
f
mf
68
wir ver - za - gen.
auf un-sre Schuld, auf un - sre Schuld.
auf un-sre Schuld, auf un - sre Schuld.
auf un-sre Schuld, auf un - sre Schuld.
auf un-sre Schuld, auf un - sre Schuld.
hin? Wohin? Wohin?
Wohin? Wohin?
Wohin?
Wohin? Wohin?
68
p
mf
f
p
f

71
F
Se - het ihn
Se - het ihn aus Lieb und Huld Holz zum Kreu - ze sel - ber
Se - - het ihn aus Lieb und Huld Holz zum Kreuze
Se - - het
Se - het, se - het ihn
Se - het,
Se - het,
Se - het, Se - - het
mf
74
Er - barm dich
aus Lieb und Huld Holz zum Kreu - - ze sel - ber tra - - gen, se - het ihn aus
tra - - - gen, se - - het ihn aus Lieb und Huld Holz zum Kreu - ze
sel - ber tra - - - gen, se - het ihn aus Lieb und Huld Holz zum Kreuze sel - ber
ihn aus Lieb und Huld Holz zum Kreu - ze sel - ber tra -
aus Lieb und Huld Holz zum Kreu - - ze sel - ber tra - - gen, se - het ihn aus
se - - het ihn aus Lieb und Huld Holz zum Kreu - ze
se - het ihn aus Lieb und Huld Holz zum Kreuze sel - ber
ihn aus Lieb und Huld Holz zum Kreu - ze sel - ber tra -
tr
f

77

un - ser, o Je - - su, o ___ Je - - su!

Lieb ___ und Huld, aus Lieb und Huld Holz __ zum Kreuze sel - ber tra - - - - - -

sel - ber tra - - gen, aus Lieb _ und Huld Holz zum Kreuze sel - ber tra - - - - - -

tra - gen, se - het ihn _ aus Lieb und Huld Holz zum Kreuze sel - ber tra - - -

- - gen, Holz zum Kreu - ze sel - ber tra - - - - - - - - gen, Holz zum Kreu - ze sel - ber

Lieb ___ und Huld, aus Lieb und Huld Holz __ zum Kreuze sel - ber tra - - - - - -

sel - ber tra - - gen, aus Lieb _ und Huld Holz zum Kreuze sel - ber tra - - - - - -

tra - gen, se - het ihn _ aus Lieb und Huld Holz zum Kreu - ze sel - ber tra - - -

- - gen, Holz zum Kreu - ze sel - ber tra - - - - - - - - gen, Holz zum Kreu - ze sel - ber

77

80

G

- - - - - - - - - - - - - gen. Kommt, ihr Töch - ter, helft mir

- - - - - - - - - - gen. Kommt, ___ ihr Töch - ter,

- - - - - - - - - gen.

tra - - - - - - - gen.

- - - - - - - - - - - - - gen. Kommt, ihr Töch - ter, helft mir

- - - - - - - - - - gen. Kommt, ___ ihr Töch - ter,

- - - - - - - - - gen.

tra - - - - - - - gen.

80

G

83
kla - - - - gen, kommt, ihr Töch - ter, helft mir
helft mir kla - - gen, kommt, ihr Töch - ter, helft mir kla - - -
Kommt, ihr Töch - ter, helft mir kla - -
kla - - - - gen, kommt, ihr Töch - ter, helft mir
helft mir kla - - gen, kommt, ihr Töch - ter, helft mir kla - - -
Kommt, ihr Töch - ter, helft mir kla - -
83
85
kla - - - - - - - - - gen, se-het den Bräu-ti-
- - - - - - - - - - - gen, se-het den Bräu-ti-
- - - - - - gen, helft mir kla - - - gen, se-het den Bräu-ti-
Kommt, ihr Töch - ter, helft mir kla - gen, helft mir klagen, se-het den Bräu-ti-
kla - - - - - - - - - gen. Wen?
- - - - - - - - - - - gen. Wen?
- - - - - - gen, helft mir kla - - - gen. Wen?
Kommt, ihr Töch - ter, helft mir kla - gen, helft mir klagen. Wen?
85
tr

88
gam, seht ihn als wie ein Lamm, als wie ein Lamm.
gam, seht ihn als wie ein Lamm, als wie ein Lamm.
gam, seht ihn als wie ein Lamm, als wie ein Lamm, wie ein Lamm.
gam, seht ihn als wie ein Lamm, als wie ein Lamm.
Wie? als wie ein Lamm.
Wie? als wie ein Lamm.
Wie? als wie ein Lamm.
Wie? als wie ein Lamm.
tr
88
2
Evangelist
E.
Da Jesus diese Rede vollendet hatte, sprach
(Chorus I)
Cont.
Org.
8
er zu seinen Jüngern:
Jesus
Je.
Ihr wisset, daß nach zweien Tagen Ostern wird, und des Menschen Sohn wird
Str.
p

6
Je.
ü - ber-ant-wor-tet wer-den, daß er ge - kreu - - - zi - get wer - de. [18]
3 Choral
Chori I. II
Fl. Ob. Vl. Vla. Cont. Org.
Herz - lieb-ster Je - su, was hast du ver - bro - chen, daß man ein solch scharf Ur-teil hat ge -
6
spro - chen? Was ist die Schuld, in was für Mis - se - ta - ten bist du ge - ra - ten?
4
Evangelist
E.
Da ver-samm-le-ten sich die Ho - hen - prie - ster und Schriftge - lehr - ten, und die
(Chorus I)
Cont. Org.
8
Äl-te-sten im Volk in den Pa - last des Hohenpriesters, der da hieß Ca - i - phas; und hielten Rat, wie sie
6
Je - sum mit Li - sten grif - fen und tö - te - ten. Sie spra - chen a - ber: [16]

5 Chorus

Chorus I
Sopr.
Ja nicht auf das Fest, auf daß nicht ein Aufruhr wer-de, ein Auf - ruhr werde,
Alto
Ja nicht auf das Fest, auf daß nicht ein Aufruhr wer-de, ein Auf - ruhr werde,
Ten.
Ja nicht auf das Fest, auf daß nicht ein Aufruhr wer-de, ja nicht auf das Fest,
Basso
Ja nicht auf das Fest, auf daß nicht ein Aufruhr wer-de, ja nicht auf das Fest,
Chorus II
Sopr.
Ja nicht auf das Fest, auf daß nicht ein Aufruhr wer-de, ein Auf - ruhr
Alto
Ja nicht auf das Fest, auf daß nicht ein Aufruhr wer-de, ein Auf - ruhr
Ten.
Ja nicht auf das Fest, auf daß nicht ein Aufruhr wer-de, ja nicht auf das
Basso
Ja nicht auf das Fest, auf daß nicht ein Aufruhr wer-de, ja nicht auf das
(Chori I. II)
Fl. Ob. Vl. Vla.
Cont. Org.
4
ja nicht auf das Fest, auf daß nicht ein Auf - - - - - ruhr wer-de im Volk.
ja nicht auf das Fest, auf daß nicht ein Auf - ruhr, ein Auf - - - ruhr wer-de im Volk.
ja nicht auf das Fest, auf daß nicht ein Auf - - - - - ruhr wer-de im Volk.
ja nicht auf das Fest, auf daß nicht ein Auf - - - - - ruhr wer-de im Volk.
wer-de, ja nicht auf das Fest, auf daß nicht ein Auf - - ruhr wer-de im Volk.
wer-de, ja nicht auf das Fest, auf daß nicht ein Auf - - - ruhr wer-de im Volk.
Fest, ja nicht auf das Fest, auf daß nicht ein Auf - - - ruhr wer-de im Volk.
Fest, ja nicht auf das Fest, auf daß nicht ein Auf - - - ruhr wer-de im Volk.
4

6
Evangelist
E.
Da nun Je-sus war zu Be - tha - ni - en, im Hau - se Si - mo - nis des
(Chorus I)
Cont. Org.
3
Aus-sä-tzigen, trat zu ihm ein Weib, das hat-te ein Glas mit köst-li-chem Was-ser, und goß es auf sein
6
Haupt, da er zu Ti-sche saß. Da das sei-ne Jünger sa-hen, wurden sie un-wil-lig, und
7 Chorus
sprachen: [18]
Chorus I
Sopr.
Wo-zu die - net die - ser Un - rat, wo - zu, wo -
Alto
Wo-zu die - net die - ser Un - rat, wo - zu, wo -
Ten.
Wo-zu die - net die - ser Un - rat, wo-zu, wo - zu,
Basso
Wo-zu die - net die - ser Un - rat, wo - zu wo -
(Chorus I)
Fl. Ob. Vl. Vla. Cont. Org.

3
zu, wo-zu die-net die-ser Un-rat? Die-ses
zu, wo-zu die-net die-ser Un-rat? Die-ses Wasser hät-te
wo- zu, wo-zu die-net die-ser Un-rat? Dieses Wasser hät-te mögen teu-er ver-kauft,
zu, wo-zu die-net die-ser Un-rat? Die-ses Wasser hät-te mögen teu-er ver-
3
6
Was-ser hät-te mö-gen teu-er ver-kauft, und den Ar-men ge-ge-ben wer- -den, den Ar-
mö-gen teu-er verkauft, und den Ar-men ge-ge-ben wer- -den, und den
und den Ar- - - -men ge-ge- -ben wer- -den, und den
kauft, und den Ar-men ge-ge- -ben wer-den, die-ses Was-ser hät-te
6
tr
9
- - - - - - - -men, und den Ar-men ge-ge-ben wer-den.
Ar-men ge-ge-ben wer- -den, und den Ar-men ge-ge-ben wer-den.
Ar-men ge-ge-ben wer- -den, Ar-men ge-ge-ben wer- -den.
mö-gen teu-er verkauft, und den Ar- - -men ge-ge-ben wer- -den.
9
tr

8
Evangelist
E.
Da das Je-sus mer-ke-te, sprach er zu ih-nen: [22]
Jesus
Je.
Was be-küm-mert ihr das
(Chorus I)
Str.
Cont. Org.
p
4
Weib? Sie hat ein gut Werk an mir ge - tan! Ihr ha-bet al-le-zeit Ar - me bei euch, mich
7
a-ber habt ihr nicht al-le-zeit. Daß sie dies Wasser hat auf meinen Leib gegos-sen, hat sie ge-
10
tan, daß man mich be-gra-ben wird. Wahr-lich, ich sa-ge euch: Wo dies E-van-ge - li-
13
um gepredigt wird in der ganzen Welt, da wird man auch sagen zu ihrem Gedächtnis, was sie getan hat. [25]

9 Recitativo
Alto
A.
Du lie - ber Hei - land du, wenn dei - ne
(Chorus I)
2 Fl.
Cont. pizz. Org.
3
Jün-ger tö-richt strei-ten, daß die-ses from-me Weib mit Sal-ben dei-nen
5
Leib zum Gra-be will be-rei-ten; so las-se mir in-zwischen zu, von mei-ner
8
Au - gen Trä-nen-flüs-sen ein Was-ser_ auf_ dein Haupt zu gie - ßen.
10 Aria
(Chorus I)
2 Fl.
Cont. Org.
7

18
A
Alto
A.
Buß und Reu, Buß — und Reu knirscht das Sün - den - herz ent - zwei,
p
21
f
29
B
A.
Buß und Reu, Buß — und Reu knirscht — das Sün-den-herz ent - zwei,
p
37
A.
knirscht das Sün - den - herz ent - zwei, Buß und Reu, Buß und Reu
45
A.
knirscht das Sün - den - herz ent - zwei, Buß — und
52
A.
C
Reu knirscht das Sün - den-herz ent-zwei,
f

60
[Fine]
69
A.
daß die Tro - pfen mei-ner Zäh - ren an - - ge-neh - me
p
76
A.
Spe - ze - rei, treu-er Je - su, dir ge - bä - ren,
D
f
83
A.
daß die Tro - pfen mei-ner Zäh-ren
p
90
A.
an-ge - neh-me Speze - rei, treu-er Je - - - - su,
98
A.
dir ge - bä - ren, treu - er Je - su, treu - - er Je-su, dir ge-bä - ren.
tr
[53]
da capo

11
Evangelist
E.
Da ging hin der Zwölfen einer, mit Namen Judas I-scha-ri - oth, zu den Hohenpriestern, und
(Chorus I)
Cont. Org.
4
sprach:
Judas
Ju.
Was wollt ihr mir ge-ben? Ich will ihn euch ver - ra - ten. [28]
Und sie bo-ten ihm drei-ßig
7
Sil-ber-lin-ge. Und von dem an suchte er Ge - le-gen-heit, daß er ihn ver-rie-te. [24]
12 Aria
(Chorus II)
Fl. Vl. Vla. Cont. Org.
6
Soprano
S.
Blu - te nur,

10
S.
blu - te nur,
blu - te nur, du lie-bes
14
Herz, blu - te nur, du lie-bes Herz, blu - te nur, du lie-bes Herz, blu - te nur, du lie-bes
17
Herz,
blu - te nur, du lie-bes Herz,
blu - te nur, du lie-bes
21
A
Herz!
f
25
29
Ach, ein Kind, das du er-zo - gen, das an dei - ner Brust ge-so - gen,
Fl.
p
[Fine]

33
S.
droht den Pfle-ger zu er-mor - - den, denn es ist zur Schlange wor - -
tr
36
B
den.
Ach! ein Kind, das du er-zo-gen,
das an dei-ner Brust ge-
Fl. Str.
tr
40
so - gen,
droht den Pfle-ger zu er-mor - - - den, denn
Fl.
43
es ist zur Schlan - - - - - - - ge wor - den. [30]
tr
da capo
13
Evangelist
E.
Aber am ersten Tage der süßen Brot traten die Jünger zu Je-su, und sprachen zu ihm:
(Chorus I)
Cont. Org.
6
7
6

14 Chorus

Chorus I

Sopr.: Wo, wo, wo willst du, daß wir dir be-rei-ten das O-ster-lamm zu es-sen, wo willst du, daß wir dir be-rei-ten das Osterlamm, das O-sterlamm zu es-sen?

Alto: Wo, wo, wo willst du, daß wir dir be-rei-ten das O-ster-lamm zu es-sen, wo willst du, daß wir dir be-rei-ten das Osterlamm, das O-sterlamm zu es-sen?

Ten.: Wo, wo, wo willst du, daß wir dir berei-ten das O-ster-lamm zu es-sen, wo willst du, daß wir dir be-rei-ten das O-sterlamm zu es-sen?

Basso: Wo, wo, wo willst du, daß wir dir be-rei-ten das O-ster-lamm zu es-sen, wo willst du, daß wir dir be-rei-ten das Oster-lamm zu es-sen?

(Chorus I)

Fl. Ob.
Vl. Vla. Cont. Org.

7

15

Evangelist

E.: Er sprach:

Jesus

Je.: Gehet hin in die Stadt zu ei-nem, und sprecht zu ihm: Der Mei-ster läßt dir sagen: Mei-ne Zeit ist hier, ich will bei dir die O-stern hal-ten mit mei-nen Jüngern.

(Chorus I)

Str.

p

Cont.
Org.

6

4

7 **Evangelist**

E.: Und die Jün-ger ta-ten, wie ih-nen Je-sus be-foh-len hat-te, und be-rei-te-ten das

Cont. Org. *f*

10

E.: O-ster-lamm. Und am A-bend setz-te er sich zu Ti-sche mit den Zwöl-fen; und da sie

13

E.: a-ßen, sprach er:

Je.: **Jesus** Wahr-lich, ich sa-ge euch: Ei-ner un-ter euch wird mich ver - ra - - ten.

13 Str. *p*

16 **Evangelist**

E.: Und sie wur-den sehr be-trübt, und hu-ben an, ein jeg-li-cher un-ter ih-nen, und sag-ten zu

Cont. Org.

19 Allegro

E.: ihm:

Chorus I

Sopr.: Herr, bin ich's, bin ich's, bin ich's, Herr, bin ich's, Herr, bin ich's?

Alto: Herr, bin ich's, bin ich's, Herr, bin ich's, bin ich's, bin ich's, bin ich's, Herr, bin ich's?

Ten.: Herr, bin ich's, bin ich's, Herr, bin ich's, bin ich's, bin ich's, Herr, bin ich's, bin ich's?

Basso: Herr, bin ich's, bin ich's, Herr, bin ich's, bin ich's, bin ich's?

19 Allegro

Str.

16 Choral

Chori I. II

Ob. Vl. Vla. Cont. Org.

Ich bin's, ich sollte büßen, an Händen und an Füßen gebunden in der Höll. Die Geißeln und die Banden, und was du ausgestanden, das hat verdienet meine Seel.

17

Evangelist

E.: Er antwortete und sprach:

Jesus

Je.: Der mit der Hand mit mir in die Schüssel tauchet, der wird mich verraten. Des Menschen Sohn gehet zwar dahin, wie von ihm geschrieben stehet; doch wehe dem Menschen, durch welchen des Menschen Sohn verraten wird. Es wäre ihm

(Chorus I)

Str.

Cont. Org.

p

6 5♭

10

Evangelist

E. Da ant-wor-te-te Ju-das,

Je. bes-ser, daß der-sel-bi-ge Mensch noch nie ge-bo-ren wä-re.

10

13

E. der ihn ver-riet, und sprach: Er sprach zu ihm:

Judas

Ju. Bin ich's, Rab-bi? [34]

Jesus

Je. Du sagest's.

13

Cont. Org. [f] Str. [p]

16

Evangelist

E. Da sie a-ber a-ßen, nahm Je-sus das Brot, dan-ke-te, und brach's, und gab's den Jüngern und

Cont. Org. f

19

E. sprach: Und er nahm den Kelch, und danke-te, gab

Jesus

Je. Neh-met, e - ßet; das ist mein Leib.

19

Str. p Cont. Org. f

23
E.
Je.
ihnen den, und sprach: [33]
Trin-ket al - - le da-raus; das ist mein Blut des
Str.
p
27
neu - en Testaments, wel-ches ver-gos - sen wird für vie-le, zur Ver-ge-bung
30
der Sün - den. Ich sa-ge euch: Ich wer-de von nun an nicht
tr
33
mehr von die-sem Ge-wächs des Wein - stocks trin - ken, bis an den
36
Tag, da ich's neu trin-ken wer-de mit euch in mei-nes Va-ters Reich. [33]

18 Recitativo
Soprano
S.
(Chorus I)
Wie - wohl mein Herz in Trä - nen
Ob. d'am.
Cont. Org.
p
2
schwimmt, daß Je - - sus von mir Ab-schied nimmt, so macht mich doch sein
5
Te-stament erfreut: Sein Fleisch und Blut, o Kost - barkeit, ver-macht er
8
mir in mei-ne Hän-de. Wie er es auf der Welt mit denen Sei-nen nicht
11
bö-se können mei-nen, so liebt er sie bis an das En-de.

19 Aria
(Chorus I)
Ob. d'am.
Cont. Org.
Soprano
S.
Ich will dir mein Her - ze schenken, sen - ke dich, sen - ke dich, sen - - - ke dich, mein Heil, hin-ein,
ich will dir mein Her - ze schen-ken, sen - ke dich, mein Heil, hinein, ich
will dir mein Her-ze, mein Her - ze schen - - - - - ken, sen -
- ke dich, mein Heil, hin-ein, sen - - ke dich, mein Heil, hin-ein.

25
A
f
tr
29
S.
Ich will mich in dir ver-sen-ken;
tr
p
[Fine]
33
ist dir gleich die Welt zu klein, ei so sollst du mir al - lein mehr als Welt und Him-
37
- mel sein.
f
41
B
Ich will mich in dir, in dir ver-sen-ken, ist dir gleich die Welt zu
p
45
klein, ei so sollst du mir al-lein mehr, mehr als Welt und Him - mel sein. [53]
da capo

20
Evangelist
E.
(Chorus I)
Und da sie den Lob-ge-sang ge-spro-chen hat-ten,
Cont.
Org.
3
gingen sie hinaus an den Öl-berg. Da sprach Je-sus zu ih-nen:
Jesus
Je.
In die-ser Nacht werdet ihr euch
Str.
p
6
al-le är-gern an mir. Denn es ste-het ge-schrie-ben: Ich
8
Vivace
werde den Hirten schlagen, und die Scha-fe der Her-de werden sich zerstreu-en.
Moderato
Wenn ich
11
a-ber auf-er-ste-he, will ich vor euch hin-ge-hen in Ga-li-lä-am.

21 Choral
Chori I. II
Fl.Ob.
Vl.Vla.
Cont.Org.
Er - ken-ne mich, mein Hü - ter, mein Hir-te, nimm mich an,
von dir, Quell al - ler Gü - ter, ist mir viel Gut's ge - tan.
Dein Mund hat mich ge -
6
la - bet mit Milch und sü-ßer Kost, dein Geist hat mich be - ga - bet mit mancher Himmels-lust.
22
Evangelist
E.
Petrus a - ber antwortete, und sprach zu ihm:
Petrus
Pe.
Wenn sie auch al - le sich an dir ärgerten, so
(Chorus I)
Cont.
Org.
4
E.
Evangelist
Je - sus sprach zu ihm:
Jesus
Je.
Wahr-lich, ich sa - ge
Pe.
will ich doch mich nimmermehr ärgern.
Str.
p
7
Je.
dir: In die-ser Nacht, e - he der Hahn krä-het, wirst du mich dreimal verleugnen. [36]

10 Evangelist
E.
Pe - trus sprach zu ihm:
Petrus
Pe.
Und wenn ich mit dir ster-ben müß-te, so will ich dich nicht ver-
10
Cont. Org.
13
Des-glei-chen sag - ten auch al - le Jün - ger.
18 leug-nen. [46]
23 Choral
Chori I. II
Ob. Vl. Vla. Cont. Org.
Ich will hier bei dir ste-hen: ver-ach-te mich doch nicht!
Von dir will ich nicht ge-hen, wenn dir dein Her-ze bricht.
Wenn dein Herz wird er - blas-sen im letzten To-des - stoß, als-denn will ich dich fas - sen in meinen Arm und Schoß.
6
24
Evangelist
Da kam Je - sus mit ih - nen zu ei - nem Ho - fe, der hieß Gethse - ma-ne, und
(Chorus I)
Cont. Org.

8
E.
sprach zu seinen Jüngern:
Je.
Jesus
Se-tzet euch hier, bis daß ich dort-hin ge-he, und be - - te.
8
Str.
p
7
Evangelist
E.
Und nahm zu sich Petrum, und die zween Söhne Ze-be-dä-i, und fing an zu trau - ern und zu
Cont.
Org.
f
10
E.
za-gen. Da sprach Je-sus zu ih-nen:
Jesus
Je.
Mei-ne See-le ist be-trübt
10
Str.
p
13
Je.
bis an den Tod; blei-bet hier und wa-chet mit mir. [45]

25 Recitativo
Tenore
T.
(Chorus I)
O Schmerz!
Hier zit - tert das gequäl-te Herz.
Wie sinkt es
Fl.Ob.da cacc.
Cont.Org.
p
ppp
4
hin,
wie bleicht sein Ange-sicht!
Sopr.
p Chorus II
Was ist die Ur-sach al - ler sol - cher Pla -
Alto
Was ist_die Ur - sach al - ler sol - cher Pla -
Ten.
Was ist die_ Ur-sach al - ler sol - cher Pla -
Basso
Was ist die Ur - sach al - ler sol - cher Pla -
(Chorus II)
Str.Cont.Org.
8
A
Der Richter führt ihn vor Gericht,
da ist kein Trost,
gen?
(Chorus I)

11
T.
kein Hel-fer nicht.
Ach, mei - ne Sün - den ha - ben dich ge - schla - gen!
Ach, mei - ne Sün - den ha - ben dich ge - schla - gen!
Ach, mei - ne Sün - den ha - ben dich ge - schla - gen!
Ach, mei - ne Sün - den ha - ben dich ge - schla - gen!
(Chorus II)
(Chorus I)
15
Er lei - - det al - le Höl-len-qua-len, er soll für frem - - -
18
den Raub bezahlen.
B
Ich, ach Herr Je - su, ha - be dies ver - schul - det,
Ich, ach Herr Je - su, ha - be dies ver - schul - det,
Ich, ach Herr Je - su, ha - be dies ver - schul - det,
Ich, ach Herr Je - su, ha - be dies ver - schul - det, was du er-
(Chorus II)

22
T.
Ach könnte meine Lie - be
was du er - dul - det!
was du er - dul - det!
was du er - dul - det!
dul - - - - - - - det!
22
(Chorus I)
25
T.
dir, mein Heil, dein Zit-tern und dein Zagen ver - mindern oder helfen tragen, wie
28
T.
ger - ne, wie ger - ne, wie ger - ne blieb ich hier!
26 Aria
Andante
(Chorus I)
Ob.
Cont.Org.
5
tr

9
T.
Tenore
Ich will bei meinem Je - - - su
13
wa - chen,
Chorus II
Sopr.
p [sempre]
So schla - fen un - sre Sün - den ein,
Alto
p [sempre]
So schla - fen un - sre Sün - den ein,
Ten.
p [sempre]
So schla - fen un - sre Sün - den ein,
Basso
p [sempre]
So schla - fen un - sre Sün - den ein,
13
(Chorus II)
Ob.
p sempre
f (Chorus I)
Fl. Str. Cont. Org.
17
A
ich will bei meinem Je - - - su wa - chen,
so schlafen un - sre Sün - den
so schla - fen un - sre Sün - den
so schlafen un - sre Sün - den
so schla - fen un - sre Sün - den
17
A
(Chorus II)

21
T.
ich will bei meinem Je - su, bei meinem Je - su wa - - - -
ein,
ein,
ein,
ein,
21
Ob.
p (Chorus I)
24
T.
-chen, ich will bei meinem Je - su wa - - - - - -
Ob.
27 B
T.
- - chen,
so schlafen un - sre Sün - den ein, so schlafen un - sre Sün - den ein.
so schlafen un - sre Sün - den ein, so schlafen un - sre Sün - den ein.
so schlafen un - sre Sün - den ein, so schlafen un - sre Sün - den ein.
so schlafen un - sre Sün - den ein, so schlafen un - sre Sün - den ein.
27 B
(Chorus II)
Ob.
f (Chorus I)

32
T.
mei-nen Tod bü - ßet sei - ner
p
36
T.
See-len Not, mei - nen Tod, mei - nen
tr
40
T.
Tod bü - ßet sei - ner See - len Not; sein Trau - ren
44
T.
ma - chet mich voll Freu - - - - - -
47
C
T.
- den.
Drum muß uns sein ver-dienstlich Lei-den recht bit - ter und doch sü - ße
Drum muß uns sein ver-dienstlich Lei-den recht bit - ter und doch sü - ße
Drum muß uns sein ver-dienstlich Lei-den recht bit - ter und doch sü - ße
Drum muß uns sein ver-dienstlich Lei-den recht bit-ter und doch sü - ße
47
C
(Chorus II)
tr

51

sein, recht bit - - - ter und doch sü - - - - - - ße

sein, recht bit - ter und doch sü - ße, recht bitter, bit - ter und doch sü - ße sein, sü - ße

sein, recht bit - ter und doch sü - ße, recht bitter und doch sü - - - ße, recht bit - ter und doch sü - ße

sein, drum muß uns sein ver - dienst-lich Lei - den recht bit - ter_ und doch sü - ße_

51

55

sein, drum muß_ uns sein ver - dienstlich Leiden recht bit - ter und doch sü - ße sein.

sein, drum muß uns sein ver - dienstlich Leiden recht bit - ter und doch sü - ße sein.

sein, drum muß uns sein ver - dienstlich Leiden recht bit - ter und doch sü - ße_ sein.

sein, drum muß uns sein verdienstlich Leiden recht bit - ter und doch sü - ße_ sein.

55

Ob.

f (Chorus I)

60

D

T. Ich will bei meinem Je - - - - su wachen,

So schlafen un - sre Sün - den

So schlafen un - sre Sün - den

So schlafen un - sre Sün - den

So schlafen un - sre Sün - den

(Chorus II)

60

D

p

65

T. ich will bei meinem Je - su, bei meinem Je-su wa - - - - -

ein,

ein,

ein,

ein,

65 (Chorus I) Ob.

69 E

T. - - chen.

so schlafen un-sre Sünden ein, so schla - fen un-sre Sün-den ein, so schla - -

so schlafen un-sre Sünden ein, so schlafen un-sre Sün-den ein, so schla - -

so schlafen un-sre Sün-den ein, so schlafen un-sre Sün-den ein, so schla - -

so schlafen un-sre Sün-den ein, so schlafen un-sre Sün-den ein, so schla -

69 E (Chorus II) tr

74

- - - - fen unsre Sün - den ein, so schlafen un-sre Sün-den

- - - - fen un - sre Sünden ein, so schla - fen un-sre Sün-den

- fen, so schla - - - - fen un - sre Sün - den ein, so schlafen un-sre Sün-den

- - - - - - fen un - sre Sün - den ein, so schlafen un - sre Sün-den

74 tr

79
ein, so schla - fen un - sre Sün-den ein.
ein, so schlafen un - sre Sün-den ein.
ein, so schla - fen un - sre Sün-den ein
ein, so_schlafen un - sre Sün-den ein.
79
tr
Ob.
f (Chorus I)
84
tr
88
27
Evangelist
E.
Und ging hin ein we-nig, fiel nieder auf sein An-gesicht, und be - te-te, und sprach: [48]
Je.
Jesus
(Chorus I)
Str.
Mein
Cont.
Org.
p
4
Vater, ist's möglich, so gehe dieser Kelch von mir, doch nicht wie ich will, sondern wie du willst. [48]

28 Recitativo

Basso

B.

Der Hei-land fällt vor sei-nem Va-ter nie-der, dadurch erhebt er mich und

(Chorus II)

Vl. Vla.
Cont. Org.

3

B.

al-le von unserm Fal-le hinauf zu Got-tes Gnade wie-der. Er ist bereit, den

6

B.

Kelch, des To-des Bit-ter-keit zu trinken, in welchen Sün-den die-ser Welt ge-gos-sen

8

B.

sind und häß-lich stin-ken, weil es dem lie-ben Gott ge-fällt.

29 Aria

(Chorus II)

Vl. unis.
Cont. Org.

10

Basso

B.

Ger-ne will ich mich be-que-men, Kreuz und Be-cher

p

19
A
B.
an - zu - neh - men, trink ich doch dem Hei-land nach,
28
B.
ger - ne will ich mich be - que - men, ger - ne, ger - ne,
37
B.
ger - ne will ich mich be - que - men, Kreuz und Be - cher an - zu - neh - men, trink
46
B.
ich doch dem Hei-land nach, trink ich doch dem Hei - land nach, Kreuz und Becher an-
55
B
B.
- zu - nehmen, will ich ger-ne mich be - quemen, trink ich doch dem Heiland nach.
65
[Fine]

73
B.
Denn sein Mund, der mit Milch und _ Ho-nig fließet, hat den Grund und des Leidens her - be Schmach durch
p
88
C
— den er - sten Trunk versü - ßet,
denn sein _ Mund, der mit Milch und _ Honig
f
p
93
flie - ßet, _ hat den _ Grund und des Leidens her - be Schmach durch den er - sten Trunk versü - ßet.
[51]
da capo
30
Evangelist
E.
Und er kam zu sei-nen Jüngern, und fand sie schlafend, und sprach zu ih-nen:
Jesus
Je.
Kön-net
(Chorus I)
Str.
Cont. Org.
4
ihr denn nicht ei-ne Stunde mit mir wa-chen? Wa-chet und be-tet, daß ihr nicht in An-fechtung

7
Je.
fal - let. Der Geist ist wil - lig, a - ber das Fleisch ist schwach.
9
Evangelist
E.
Zum andern Mal ging er hin, be - te - te, und sprach:
Jesus
Je.
Mein Va - ter, ist's nicht möglich, daß
Str.
p
Cont.
Org.
f
6
18
Je.
die - ser Kelch von mir ge - he, ich trin - ke ihn denn; so ge - sche - he dein Wil - le.
31 Choral
Chori I.II
Fl. Ob.
Vl. Vla.
Cont. Org.
Was mein Gott will, das g'scheh allzeit, sein Will der ist der be - ste;
zu hel - fen den'n er ist bereit, die an ihn glau - ben fe - ste;
4
er hilft aus Not, der fromme Gott, und züch - ti - get mit Ma - ßen. Wer
9
Gott ver - traut, fest auf ihn baut, den will er nicht ver - las - sen.

32
Evangelist
E.
Und er kam und fand sie a-ber schla-fend, und ih-re Au-gen wa-ren voll
(Chorus I)
Cont. Org.
3
Schlaf's. Und er ließ sie, und ging a-ber-mals hin, und be-te-te zum drit-ten Mal, und
5
re-de-te die-sel-bi-gen Wor-te. Da kam er zu sei-nen Jüngern, und sprach zu
8
ih-nen:
Jesus
Je.
Ach! wollt ihr nun schla-fen und ru-hen? Sie-he, die Stun-de ist
Str.
11
hier, daß des Menschen Sohn in der Sünder Hände ü-ber-ant-wortet wird. Ste-het auf, las-set uns

14
Evangelist
E.
Und als er noch re-de-te,
Je.
ge-hen; sie-he, er ist da, der mich ver-rät.
14
17
sie-he, da kam Ju-das, der Zwölfen ei-ner, und mit ihm ei-ne gro-ße Schar, mit Schwertern und mit
Cont. Org.
20
Stangen, von den Ho-hen-priestern und Äl-te-sten des Volks. Und der Ver-rä-ter hat-te
23
ih-nen ein Zei-chen ge-ge-ben, und ge-sagt: Wel-chen ich küs-sen wer-de, der ist's, den
26
grei-fet. Und als-bald trat er zu Je-sum, und sprach: und
Judas
Ju.
Ge-grü-ßet seist du, Rab-bi! [82]
26

29
E.
küs-se-te ihn. Je-sus a-ber sprach zu ihm:
Jesus
Je.
Mein Freund, war-um bist du
Str.
p
32
Da tra-ten sie hin - zu, und leg-ten die Hän-de an Je-sum, und griffen ihn. [61]
kommen? [61]
Cont.
Org.
33 Aria [Duetto]
(Chorus I)
Fl.Ob.
Vl.Vla.
un poco p
5
9
13
tr

17
Soprano
S.
So ist mein Je - sus nun ge - fan -
Alto
A.
So ist mein Je - sus nun ge -
17
p
21
S.
gen.
A.
fan
gen.
Chorus II
Sopr.
Laßt ihn, hal-tet, bindet nicht!
Alto
Laßt ihn, hal-tet, bindet nicht!
Ten.
Laßt ihn, hal-tet, bindet nicht!
Basso
Laßt ihn, hal-tet, bindet nicht!
21
(Chorus II)
(Chorus I)
f
tr
Fl. Ob. Str.
Cont. Org.
26
S.
Mond und Licht ist vor Schmerzen un-ter-gan-gen,
A.
Mond und Licht ist vor Schmerzen un-ter-gan-gen,
26
p
f

81
S.
Mond und Licht ist vor Schmerzen un - ter -
A.
Mond und Licht ist vor Schmerzen un - ter -
81
p
35
S.
gan - - - - - - - gen, weil mein Je - sus ist ge-
A.
gan - gen, weil mein Je - sus ist ge - fan
35
39
A
S.
fan -
A.
Laßt ihn, haltet, bindet nicht!
Laßt ihn, haltet, bindet nicht!
Laßt ihn, haltet, bindet nicht!
Laßt ihn, haltet, bindet nicht!
39
A
(Chorus II)
(Chorus I)
tr

43
B
S.
A.
gen.
Sie führen
gen.
Sie füh-ren ihn, er ist ge-
Laßt ihn, haltet, bindet nicht!
Laßt ihn, haltet, bindet nicht!
Laßt ihn, haltet, bindet nicht!
Laßt ihn, haltet, bindet nicht!
(Chorus II)
(Chorus I)
p
47
ihn, er ist ge-bun - - - - - - - - - den, sie füh-
bun - - - - - - - - - den, sie füh - - - -
52
ren ihn, er ist ge-bun - - - - - -
ren ihn, er ist ge-bun - - - - -
tr

57

S.: den, sie füh - ren ihn, sie füh - ren ihn, — er — ist ge-

A.: - den, sie füh - ren ihn, sie füh - ren

57

f

61

S.: bun - - - - - - - - - - - -

A.: ihn, — er — ist ge - bun - - - - - - - - - -

61

p

65 Vivace

S.: den. [92]

A.: den. [76]

Chorus I

Sopr.

Alto

Ten.: Sind Bli-tze, sind Don-ner in Wol-ken ver-

Basso: Sind Bli-tze, sind Donner in Wol-ken verschwunden, Bli-tze, Don-ner, Bli-tze,

Chorus II

Sopr.

Alto

Ten.: Sind Bli-tze, sind Don-ner in Wol-ken ver-

Basso: Sind Bli-tze, sind Donner in Wol-ken verschwunden, Bli-tze, Don-ner, Bli-tze,

65 Vivace (Chori I.II)

Cont. Org.

73
Sind Bli-tze, sind Don-ner in
Sind Bli-tze, sind Don-ner in Wol-ken verschwunden, Bli-tze, Don-ner,
schwunden, Bli-tze, Don-ner, Bli-tze, Don - - ner, Bli-tze,
Don - - - - - - - - - - - - - -
Sind Bli-tze, sind Don-ner in
Sind Bli-tze, sind Don-ner in Wol-ken verschwunden, Bli-tze, Don-ner,
schwunden, Bli-tze, Don-ner, Bli-tze, Don - - ner, Bli-tze,
Don - - - - - - - - - - - - - -
73
80
C
Wol-ken verschwun-den, sind Bli-tze, sind Don-ner in Wol-ken ver-schwun-den,
Bli-tze, sind Don - - - - ner in Wol-ken ver-schwun-den,
Don-ner, Bli-tze, sind Bli-tze, sind Don-ner in Wol-ken ver-schwun-den,
- - - - - - - - - - - ner,
Wol-ken verschwun-den, sind Bli-tze, sind
Bli-tze, Don-ner, sind Bli-tze, sind
Don-ner, Bli-tze, sind Bli-tze, sind
- - - ner, Don - - - - -
80
C
Fl.Ob.Str.

87
sind Bli - tze, sind Don-ner in Wol - ken verschwun-den,
sind Bli - tze, sind Don-ner in Wol-ken ver-schwun-den,
sind Bli - tze, sind Don-ner in Wol-ken ver-schwun-den,
Don - - - - - - - - ner,
Don-ner in Wol - ken verschwunden, sind Bli - tze, sind Donner in
Don-ner in Wol-ken ver-schwunden, sind Bli - tze, sind Donner in
Don-ner in Wol-ken ver-schwunden, sind Bli - tze, sind Donner in
- - - - - ner, Don - - - - - -
87
94
D
Bli - tze, Don - ner, Bli-tze, Don-ner, Bli-tze, sind Don-ner in
Bli - tze, Don - ner, Bli-tze, Don-ner, Bli-tze, sind Don-ner in
Bli - tze, Don - ner, Bli-tze, Don-ner, Bli-tze, sind Don-ner in
Bli - tze, Don - ner, Bli-tze, Don-ner, Don - - -
Wol.- ken verschwunden, Bli-tze, Don - ner, Bli-tze, Donner, sind Bli-tze, sind
Wol-ken ver-schwunden, Bli-tze, Don-ner, Bli-tze, Donner, sind Bli-tze, sind
Wol-ken ver-schwunden, Bli-tze, Don-ner, Bli-tze, Donner, sind Bli-tze, sind
- - ner, Bli-tze, Don-ner, Bli-tze, Don - - -
94
D

101 E

Wol - - ken verschwunden? Er - öff-ne den feu-ri-gen Ab-grund, o

Wol - - ken verschwunden? Er - öff-ne den feu-ri-gen Ab-grund, o

Wol - - ken verschwunden? Er - öff-ne den feu-ri-gen Ab-grund, o

- ner in_ Wolken verschwunden? Er - öff-ne den feu-ri-gen Ab-grund, o

Don-ner in Wol-ken verschwunden?

Don-ner in Wolken verschwunden?

Don-ner in_ Wolken verschwunden?

- ner in_ Wolken verschwunden?

101 E

109

Höl - - - - - - le, er - öff-ne den feu-ri-gen

Höl - - - - - - le, er - öff-ne den feu-ri-gen

Höl - - - - - - le, er - öff-ne den feu-ri-gen

Höl - - - - - - le er - öff-ne den feu-ri-gen

Er - öff-ne den feu-ri-gen Ab-grund, o Höl - - - - -

Er - öff-ne den feu-ri-gen Ab-grund, o Höl - - - - -

Er - öff-ne den feu-ri-gen Ab-grund, o Höl - - - - -

Er - öff-ne den feu-ri-gen Ab-grund, o Höl - - - - -

109

116
F
Ab-grund, o Höl - - - - - - - le, zer - trümmre,
Ab-grund, o Höl - - - - - - - le, zer - trümmre,
Ab-grund, o Höl - - - - - - - le, zer - trümmre,
Ab-grund, o Höl - - - - - - - le, zer - trümmre,
- le, er - öff-ne den feu-ri-gen Ab-grund, o Höl-le, ver -
- le, er - öff-ne den feu-ri-gen Ab-grund, o Höl-le, ver -
- le, er - öff-ne den feu-ri-gen Ab-grund, o Höl-le, ver -
- le, er - öff-ne den feu-ri-gen Ab-grund, o Höl-le, ver -
116
F
123
G
ver - schlin-ge, mit plötz-li-cher Wut den
ver - schlin-ge, mit plötz-li-cher Wut den
ver - schlin-ge, mit plötz-li-cher Wut den
ver - schlin-ge, mit plötz-li-cher Wut den
der-be, zer - schelle mit plötz-li-cher Wut den
der-be, zer - schelle mit plötz-li-cher Wut den
der-be, zer - schelle mit plötz-li-cher Wut den
der-be, zer - schelle mit plötz-li-cher Wut den
123
G

130

fal-schen Ver - rä-ter, das mör-drische Blut, den fal-schen Ver - rä-ter, das mör-dri - sche Blut.

fal-schen Ver - rä-ter, das mör-drische Blut, den fal-schen Ver - rä-ter, das mör-dri - sche Blut.

fal-schen Ver - rä-ter, das mör-drische Blut, den fal-schen Ver - rä-ter, das mör-dri - sche Blut.

fal-schen Ver - rä-ter, das mör-drische Blut, den fal-schen Ver - rä-ter, das mör-dri - sche Blut.

fal-schen Ver - rä-ter, das mör-drische Blut, den fal-schen Ver - rä-ter, das mör-dri - sche Blut.

fal-schen Ver - rä-ter, das mör-drische Blut, den fal-schen Ver - rä-ter, das mör-dri - sche Blut.

fal-schen Ver - rä-ter, das mör-drische Blut, den fal-schen Ver - rä-ter, das mör-dri - sche Blut.

fal-schen Ver - rä-ter, das mör-drische Blut, den fal-schen Ver - rä-ter, das mör-dri - sche Blut.

130

34

Evangelist

E. Und sie-he, ei-ner aus de-nen, die mit Je-su wa-ren, reckete die Hand aus, und

(Chorus I)

Cont. Org.

6 6

4

E. schlug des Hohenpriesters Knecht, und hieb ihm ein Ohr ab. Da sprach Je-sus zu ihm:

Jesus

Je. Stecke dein

4

Str.

p

6 5 ♯

7

Je. Schwert an sei-nen Ort; denn wer das Schwert nimmt, der soll durchs Schwert umkommen.

tr

10

Je. Oder meinest du, daß ich nicht könnte meinen Vater bitten, daß er mir zuschickte mehr denn zwölf Legion

14

Je. En-gel? Wie wür-de a-ber die Schrift er-fül-let? Es muß al-so ge-hen.

17

Evangelist

E. Zu der Stund sprach Je-sus zu den Scha-ren:

Jesus

Je. Ihr seid ausgegangen, als zu ei-nem Mörder, mit

17

Cont. Org. [*f*] 5+ Str. *p*

20

Je. Schwertern und mit Stangen, mich zu fa-hen; bin ich doch täg-lich bei euch ge-ses-sen, und

23

Je. habe gelehret im Tempel, und ihr habt mich nicht gegriffen. Aber das ist alles geschehen, daß erfüllet

27
Evangelist
E.
Da ver-lie-ßen ihn al-le Jün-ger, und flohen. [80]
Je.
würden die Schriften der Prophe-ten. [87]
27
Cont. Org.
35 Choral
Chori I.II
Fl. Ob. d'am. Vl. Vla. Cont. Org.
3
5
7
tr
9

11
14
Chori I. II
17
Sopr. e Soprano in ripieno
O Mensch, be - wein dein Sün - de groß;
Alto
O Mensch, be - wein dein Sün - de groß, dein Sün-de
Ten.
O Mensch, be - wein dein Sün - de groß, dein Sün-de
Basso
O Mensch, be - wein dein Sün - de groß, dein Sün-de
17
20
groß, o Mensch, be - wein
groß, o Mensch, be - wein
groß, o Mensch, be - wein, be - wein, o
20

22
dein Sün - de groß;
dein Sün - de groß;
Mensch, be - wein dein Sün - de groß;
22
24
A
dar - - - um Chri - stus sein's
dar - um Chri - stus sein's
dar - um Chri - stus sein's Va - ters Schoß, sein's
dar - um Chri -
24
A
26
Va - ters Schoß
Va - ters Schoß, dar - um Chri - stus sein's Va - ters Schoß
Va - ters Schoß, dar - um Chri - stus sein's Va - ters Schoß
stus sein's Va - ters Schoß
26

28
äu - - -
äu - ßert, und
äu - ßert, und
28
80
B
ßert, und kam auf Er - - den.
kam auf Er - - - - - den, äu - ßert, und
kam auf Er - - - - - den, äu - ßert, und
äu - ßert, und kam auf Er - - den, äu - ßert, und
30
B
32
kam auf Er - - den..
kam auf Er - - den.
kam auf Er - - den.
32

35
C
Von
ei - ner Jung - frau
Von ei - ner Jung - frau
Von ei - ner Jung - frau
Von ei - ner Jung - frau
37
rein und zart
rein und zart, von ei - ner Jung - frau rein und
rein und zart, von ei - ner Jung - frau rein und
rein und zart, von ei - ner Jung - frau rein und
39
D
für uns er hie ge -
zart für uns er hie ge -
zart für uns er hie ge-bo-ren ward, ge -
zart für uns er

42
bo - ren ward,
bo - ren ward, für uns er hie ge - bo - ren ward,
bo - ren ward, für uns er hie ge - bo - ren ward,
hie ge - bo - ren ward,
42
44
er
er wollt der
er wollt der
44
46 E
wollt der Mitt - ler wer - den.
Mitt - ler wer - den, er wollt der
Mitt - ler wer - den, er wollt der
er wollt der Mitt - ler wer - den, er wollt der
46 E

48
Mitt - ler wer - - - den.
Mitt - ler wer - - - - den.
Mitt - ler wer - - - - den.
48
50
52
54
56
F
Den'n
To - ten er das
Den'n To - ten er das Le - -
Den'n To - ten
Den'n To - ten er das Le - ben gab, den'n To - ten
56
F
tr

58
Le - ben gab,
- - ben gab, den'n To- - ten er das Le- - - ben
er das Le- - -ben gab, den'n To - ten er das Le - ben
er das Le- - - -ben gab, den'n To - ten er das Le - ben
58
60
und
gab,
gab,
gab,
60
62
G
legt da - bei all Krank - heit ab,
und legt da - bei all Krank - heit ab, und
und legt da - bei all Krank - heit ab, und legt da -
und legt da - bei all Krank - heit
62
G

64
legt da - bei all Krank -
bei all Krank -
ab, und legt da - bei all Krank -
64
66
- heit ab, all Krank - - heit ab,
- heit, all Krank - heit ab,
- heit, all Krank - heit ab,
66
68
H
bis
bis sich die Zeit her - dran -
bis sich die
68
tr
H

70
sich die Zeit her - dran - - ge,
ge, bis sich die Zeit her - dran - - - - - -
bis sich die Zeit her - dran - - - - - - -
Zeit her - dran - ge, bis sich die Zeit her - dran - - -
70
72
- ge, die Zeit her - dran - ge,
- ge, die Zeit her - dran - ge,
- - - - - - - ge,
72
tr
74
daß
daß er für
daß er für
74

76
I
er für uns ge- -o- -pfert würd,
uns ge-o-pfert würd, für uns ge-o- -pfert würd, daß er für
uns ge-o-pfert würd, für uns ge-o- -pfert würd,
daß er für uns ge-o-pfert würd, daß er für
76
I
78
uns ge-o- -pfert würd, für uns
daß er für uns ge-o- -pfert würd, daß
uns ge-o-pfert würd, für uns ge-o- -pfert würd, daß
78
80
trüg
ge-o- -pfert würd, für uns ge-o- -pfert
er für uns ge-o- -pfert
er, daß er für uns ge-o- -pfert
80

82 K

un - - srer Sün - - den schwe - - re Bürd

würd, trüg un - srer Sün - den schwe-re Bürd,

würd, trüg un - srer Sün - den schwe - - - re Bürd,

würd, trüg un - srer Sün - den schwe - -

82 K

84

— un - - srer Sün - den schwe - re Bürd

— un - - srer Sün - den schwe - re Bürd

- - - - - - re Bürd

84

86

88 L

wohl an dem

wohl an dem

wohl an dem Kreu - -

88 L

90

Kreu - - ze lan - - - - - - - - - ge, wohl

Kreu - - ze lan - - - - - - - - - - - ge, wohl

- ze lan - - - - - - - - - - - - - ge, wohl an dem

90

92

wohl an dem Kreu - ze

an dem Kreu - ze lan - - ge, wohl an dem Kreu - ze lan - -

an dem Kreu - - - - - ze, wohl an dem

Kreu - ze lan - ge, wohl an dem Kreu - ze,

92

94

lan - - ge.

- - - - - - - - - - - - ge.

Kreu - ze lan - - - - - - - - - - ge.

wohl an dem Kreuze lan - - - - - - - - ge.

94

97

Ende des ersten Teiles

36 Aria
Zweiter Teil
(Chorus I)
Fl. Ob. d'am. Vl. Vla. Cont. Org.
7
A.
Alto
Ach,
p
15
nun ist mein Je - sus hin, ach!
22
nun ist mein Je - sus, mein Je - sus hin, ach, nun ist mein Je-sus hin!
29 A Chorus II
Sopr.
Wo ist denn dein
Alto
Wo ist denn dein Freund hin-ge - gan - - - gen, o du Schön - ste
Ten.
Wo ist denn dein Freund hin-ge - gan - - - gen, o du
Basso
Wo ist denn dein Freund hin - ge -
29 A (Chorus II)
Str. Cont. Org.

36

Freund hin-ge - gan - - - gen, o du Schön - - ste, du Schön - -

un-ter den Wei - bern, o du Schön-ste, o du Schön-ste

Schön - - - - - - - - - ste, o du Schön-ste un-ter den

gan - - - - gen, o du Schön - - ste, du Schön - - - - ste

36

tr

48

A. Ist es möglich, ist es

- ste un-ter den Wei - bern?

un - ter den Wei - bern?

Wei - - - - bern?

un - ter den Wei - bern?

48

tr

p

(Chorus I)

f

p

51

B

A. möglich, kann ich schauen?

Wo hat sich dein Freund hin-ge -

Wo hat sich dein Freund hin-ge - wandt, wo hat

Wo hat sich dein Freund hin-ge - wandt, wo hat

Wo hat sich dein Freund

51

B

(Chorus II)

59
wandt, wo hat sich dein Freund hin-ge - wandt?
sich dein Freund hin-ge - wandt, wo hat sich dein Freund hin-ge - wandt?
sich dein Freund, dein Freund hin-ge - wandt, wo hat sich dein Freund hin-ge - wandt?
hin - ge - wandt, wo hat sich dein Freund hin - ge - wandt?
59
(Chorus I)
66
C
A.
Ach! mein Lamm in Ti - ger - klau - - - - - - en, in
72
A.
Ti - ger - klau - - - - - - - - -
77
A.
- - en, Ach! wo ist mein Je - sus hin? ach!
83
A.
wo ist mein Je - sus, mein Je - sus- hin? Ach, wo ist

88
A.
mein Je - sus hin?
So wol - len wir mit dir ihn
So wol - len wir mit dir ihn su -
So wol - len wir mit dir ihn su -
So wollen wir mit dir ihn su -
(Chorus II)
94
su - chen, wol - len wir mit dir ihn su - chen.
chen, so wol - len wir mit dir ihn su - chen, mit dir ihn su - chen.
chen, so wol-len wir mit dir ihn su - chen, ihn su - chen.
chen, so wol - len wir mit dir, so wollen wir mit dir ihn su - chen.
tr
(Chorus I)
100
A.
Ach, was soll ich der See-le sa - gen, wenn sie mich wird
106
A.
ängst - lich fra - gen? Ach,

112
A.
wo ist mein Je - sus hin? Ach, wo ist mein
118
A.
Je - sus, mein Je - sus hin, ach, wo ist mein Je - sus hin?
37
Evangelist
E.
Die a-ber Je-sum gegrif-fen hat-ten, füh-re-ten ihn zu dem Ho-hen-priester Ca-i-phas, da-
(Chorus I)
Cont. Org.
4
E.
hin die Schriftge-lehrten und Äl-testen sich ver-sammlet hatten. Pe-trus a-ber fol-ge-te ihm nach von
7
E.
fer-ne, bis in den Pa-last des Ho-hen-priesters; und ging hinein, und satz-te sich bei den Knechten, auf
10
E.
daß er sä-he, wo es hinaus wollte. Die Hohenpriester aber und Äl-testen, und der ganze Rat suchten falsches

14
E.
Zeug-nis wi-der Je-sum, auf daß sie ihn tö - te - ten; und fun-den kei-nes.
38 Choral
Chori I.II
Fl. Ob.
Vl. Vla.
Cont. Org.
Mir hat die Welt trüg-lich ge-richt't mit Lügen und mit falschem G'dicht, viel Netz und
6
heim-lich Stri - cken. Herr, nimm mein wahr in dieser G'fahr, b'hüt mich vor fal - schen Tü - cken.
39 Evangelist
E.
Und wie-wohl viel fal-sche Zeu-gen her-zu-tra-ten, fanden sie doch keins. Zuletzt tra-ten her-
(Chorus I)
Cont. Org.
4
E.
zu zween fal-sche Zeu-gen, und sprachen:
Zeugen
Alto
A.
Er hat ge - sagt: Ich kann den Tempel
Tenore
T.
Er hat ge-sagt: Ich
4
(Chorus II)

7
A.
Got - tes ab - bre - - chen und in drei - en Ta - gen den-sel - ben
T.
7
kann den Tem-pel Got - tes ab - bre - - chen und in drei - en Ta - gen den-
9
A.
bau - - - - en, den-sel - ben bau - en. [95]
T.
9
sel - ben bau - - - - - - - en.
12
Evangelist
E.
Und der Ho - he - prie - ster stand auf und sprach zu ihm:
Hoherpriester
H.
12
Ant-wor-test du
(Chorus I)
15
E.
A - ber Je - sus schwieg stille.
H.
15
nichts zu dem, das die - se wi - der dich zeu - gen? [87]

*) Continuo-Aussetzung von W. Weismann

7
T.
Ge - duld, Ge -
10
T.
duld, wenn mich fal - sche Zun - gen ste - chen, fal - - sche Zun - gen
tr
12
T.
ste - - - - - chen, Ge-duld, Ge - duld, wenn mich fal-sche Zungen
15
T.
A
ste - - - - chen, fal - sche Zungen ste-chen.
p
f
18
T.
Leid ich wi-der mei - ne Schuld, leid ich wi-der mei - ne
p

21
T.
Schuld Schimpf und Spott, Schimpf und Spott, leid ich Schimpf und Spott, ei, so mag der lie - be
24
T.
Gott mei - nes Her-zens Unschuld rä - - - - - - - -
27
T.
- - - - chen, ei, so mag der lie-be Gott mei-nes Her-zens Un - schuld rä -
29
B
T.
chen.
f
31
T.
Leid ich, leid ich, leid ich wi-der mei-ne
p

34
T.
Schuld Schimpf und Spott, Schimpf und Spott, ei, so mag der lie-be Gott meines Herzens Unschuld rä -
37
C
chen.
Ge - duld, Ge -
40
duld,
wenn mich fal-sche Zun-gen ste - chen, Ge -
42
duld, Ge - duld, Ge - duld!
45

42
Evangelist
E.
Und der Ho - he - prie - ster ant - wor - te - te, und sprach zu ihm:
Hoherpriester
H.
(Chorus I)
Ich be -
Cont. Org.
3
schwö - re dich bei dem le - ben - di - gen Gott, daß du uns sa - gest, ob du sei - est Christus, der Sohn
6
Evangelist
Je - sus sprach zu ihm:
Jesus
Je.
Du sa - gest's. Doch sa - ge ich euch: Von nun an wird's ge -
Got - tes.
Str.
p
9
sche - hen, daß ihr se - hen wer - det des Men - schen Sohn si - tzen zur Rech - ten der
12
Kraft, und kom - men in den Wol - ken des Him - mels. [107]

13
Evangelist
E.
Da zerriß der Ho-he-priester seine Kleider, und sprach:
Hoherpriester
H.
Er hat Gott ge - lästert; was dürfen wir weiter
13
Cont. Org. f
17
E.
Sie antworteten, und sprachen:
H.
17
Zeugnis? Siehe, jetzt habt ihr seine Gottes-lästerung ge-höret. Was dünket euch? [92]
21
Chorus I
Sopr.
Er ist des To - des schul - - - dig,
Alto
Er ist des To - - des schul - - - -
Ten.
Er ist des To - - - des schul - - - -
Basso
Er ist des To - des schul - - -
Chorus II
Sopr.
Er ist des To - des schul - -
Alto
Er ist des To - -
Ten.
Basso
Er ist des
21
(Chori I.II)
Fl.Ob. Vl.Vla. Cont.Org.

28
er ist des To - des schul - - - dig, des To - des schul - dig!
dig, er ist des To - des schul - - dig, des To- - des schul - dig!
dig, er ist des To - des schul - - dig, des To - des schul - dig!
dig, er ist des To - des schul - - dig!
- dig, er ist des To - des schul - - - dig!
- des schul - - dig, er ist des To - des schul- - - dig!
Er ist des To - des schul - - - dig, des To - des schul- - - dig!
To - des schul - - dig, er ist des To - des schul- - - dig!
28
43
Evangelist
E.
Da spei - e - ten sie aus in sein An - ge - sicht, und schlu - gen ihn mit
(Chorus I)
Cont.
Org.
3
E.
Fäu - sten. Et - li - che a - ber schlu - gen ihn ins An - ge - sicht, und spra - chen: [92]

6
Chorus I
Sopr.
Weis-sa-ge, weis-sa-ge, weis-sa - - ge,
Alto
Weis-sa-ge, weis-sa-ge, weis-sa - ge, weis-sa - ge
Ten.
Weis-sa-ge, weis-sa-ge, weis-sa - ge uns, weis-sa - ge
Basso
Weis-sa-ge, weis-sa-ge, weis-sa - ge uns, weis-sa - ge
Chorus II
Sopr.
Weis-sa-ge, weis-sa -
Alto
Weis-sa-ge, weis-sa - ge, weis-sa - ge, weis-
Ten.
Weis-sa-ge, weis-sa - ge uns, weis-sa - ge uns, weis-
Basso
Weis-sa-ge, weis-sa - ge uns, weis-sa - ge uns, weis-
(Chori I.II)
9
weis-sa-ge, weissa - ge uns, Chri-ste, wer ist's, der dich
uns, weis-sa-ge, weis-sa-ge, weis-sa-ge, weis-sa-ge uns, Chri-ste, wer ist's, der dich
uns, weis-sa-ge, weis-sa-ge, weis-sa-ge, weis-sa-ge uns, Chri-ste, wer ist's, der dich
uns, weis-sa-ge, weis-sa-ge, weis-sa-ge, weis-sa-ge uns, Chri-ste, wer ist's, der dich
ge uns, Chri-ste, wer ist's,
sa-ge, weis-sa-ge, weis-sa-ge, weis-sa-ge, weis - sa-ge uns, Chri-ste, wer ist's,
sa-ge, weis-sa-ge, weis-sa-ge, weis-sa-ge, weis - sa-ge uns, Chri-ste, wer ist's,
sa-ge, weis-sa-ge, weis-sa-ge, weis-sa-ge, weis - sa-ge uns, Chri-ste, wer ist's,

12
schlug, wer ist's, wer ist's, der dich schlug?
schlug, wer ist's, wer ist's, der dich schlug?
schlug, wer ist's, wer ist's, der dich schlug?
schlug, wer ist's, wer ist's, der dich schlug?
der dich schlug, wer ist's, wer ist's, der dich schlug?
der dich schlug, wer ist's, wer ist's, der dich schlug?
der dich schlug, wer ist's, wer ist's, der dich schlug?
der dich schlug, wer ist's, wer ist's, der dich schlug?
12
44 Choral
Chori I. II
Fl. Ob. Vl. Vla. Cont. Org.
Wer hat dich so ge- - schla - gen, mein Heil, und dich mit
4
Pla - gen so ü - bel zu - ge - richt? Du bist ja nicht ein Sün - der, wie
9
wir und un - sre Kin - der; von Mis - se - ta - ten weißt du nicht.

45
Evangelist
E.
Pe-trus a-ber saß drau-ßen im Pa-last; und es trat zu ihm ei-ne
(Chorus I)
Cont.
Org.
3
1. Magd
1.M.
Und du wa-rest auch mit dem Je-su aus Ga-li-lä-a.
E.
Magd, und sprach:
Er leug-ne-te
6
E.
a-ber vor ih-nen al-len, und sprach:
Als er a-ber zur Tür hin-
Petrus
Pe.
Ich weiß nicht, was du sa-gest.
9
2. Magd
2.M.
Dieser war auch mit dem
E.
aus ging, sa-he ihn ei-ne an-de-re, und sprach zu de-nen, die da wa-ren:

12

2. M. Je-su von Na-za-reth.

Evangelist [110]

E. Und er leug-ne-te a-ber-mal, und schwur da-zu:

Petrus

Pe. Ich ken-ne des Men-schen nicht.

15

Evangelist

E. Und ü-ber ei-ne klei-ne Wei-le tra-ten hin-zu, die da stan-den, und spra-chen zu Pe-tro:

18 Chorus II

Sopr. Wahrlich, du bist auch ei-ner von de-nen; denn dei-ne Spra-che ver-rät

Alto Wahrlich, du bist auch ei-ner von de-nen; denn dei-ne Spra-che ver-rät

Ten. Wahrlich, du bist auch ei-ner von de-nen; denn dei-ne

Basso Wahrlich, du bist auch ei-ner von de-nen, du bist auch ei-ner von

18 (Chorus II)

Fl. Ob. Vl. Vla. Cont. Org.

20

dich, denn dei-ne Spra-che ver-rät dich.

dich, denn dei-ne Spra-che ver-rät dich.

Spra-che ver-rät dich.

de-nen; denn dei-ne Spra-che ver-rät dich.

20

(Chorus I)

Cont. Org.

46
Evangelist
E.
Da hub er an sich zu ver - flu - chen und zu schwö - ren:
Petrus
Pe.
Ich
6
3
Und als-bald krä-he-te der Hahn.
Da dach-te Pe-trus
ken-ne des Men-schen nicht.[101]
3
6
9
an die Wor-te Je-su, da er zu ihm sag-te: E - he der Hahn krä - hen wird, wirst du mich
drei-mal verleugnen. Und ging her-aus, und wei - - - ne-te bit - ter-lich.[100]

47 Aria
(Chorus I)
Vl.Solo
Vl.Vla.
Cont.Org.
f
p sempre
3
tr
5
7
A.
Alto
Er-
9
bar - me dich, er-bar-me dich, mein Gott, um mei - ner Zäh - -
pp
p
12
- - - ren wil - len, er - bar - - - me dich, er-

14
A.
bar - - me dich, mein Gott, er - - bar - - - - - - me, er -
16
A.
bar - - - me dich um mei - - ner Zäh - - ren, um
18
A.
mei-ner Zäh - ren wil - len, er - - bar - me
20
A.
dich, mein Gott, um mei - - - ner Zäh - - - - - - -
21
A
A.
- - - - - - - ren, um mei - ner Zäh - ren wil - len;
f

23
25
A.
schau-e
27
B
hier,
schau
e
hier,
Herz
und
29
Au
ge
weint
vor
dir,
weint
30
vor
dir
bit
ter
lich.
Er
bar
me

32
C
A.
dich, er - bar - me - dich, er-
34
A.
bar - - me dich, mein Gott, um mei - ner Zäh - - -
36
A.
- - - ren wil - len, er - bar - - me dich, er-
38
A.
bar - - me dich, mein Gott, er - bar - - - - - me, er-
40
A.
bar - - me dich um mei - ner Zäh - ren, um

42

A. mei-ner Zäh - ren wil - len, er - bar - - me

44

A. dich, mein Gott, um mei - - ner Zäh - - - - - -

45

A. - - - - - ren, um mei - - ner Zäh - ren wil - - len. [121]

47

49

51

53

48 Choral
Chori I.II
Fl.Ob.
Vl.Vla.
Cont.Org.
Bin ich gleich von dir ge-wi-chen, stell ich mich doch wie - der ein; hat uns doch dein
6
Sohn verglichen durch sein Angst und To - des-pein. Ich ver-leugne nicht die Schuld, a-ber dei - ne
12
Gnad und Huld ist viel grö-ßer als die Sün-de, die ich stets in mir be - fin-de.
49
Evangelist
E.
Des Morgens aber hielten alle Hohenpriester und die Äl - te-sten des Volks einen Rat ü-ber
(Chorus I)
Cont.
Org.
4
Jesum, daß sie ihn tö-te-ten. Und banden ihn, führeten ihn hin, und ü-berantworteten ihn dem
7
Landpfleger Pon-ti-o Pi-la-to. Da das sa-he Judas, der ihn verraten hatte, daß er verdammt war zum

10
E.
To-de, ge-reu-e-te es ihn, und brachte her wieder die dreißig Silber-linge den Hohenpriestern und
6
13
E.
Äl-testen, und sprach:
Sie sprachen:
Judas
Ju.
Ich habe ü-bel getan, daß ich unschuldig Blut verraten ha-be. [103]
13
6
7♭
5♭
4
2
6
6
♯
6
17
Sopr.
Chorus I
Was ge-het uns das an? da sie-he du zu, da sie-he du zu.
Alto
Was ge-het uns das an? da sie-he du zu, da sie-he du zu.
Ten.
Was ge-het uns das an? da sie-he du zu, da sie-he du zu.
Basso
Was ge-het uns das an? da sie-he du zu, da sie-he du zu.
Chorus II
Sopr.
Was ge-het uns das an?
da sie-he du zu.
Alto
Was ge-het uns das an?
da sie-he du zu.
Ten.
Was ge-het uns das an?
da sie-he du zu.
Basso
Was ge-het uns das an?
da sie-he du zu.
17
Fl. Ob.
Vl. Vla.
Cont. Org.
(Chorus II)
(Chorus I)
(Chori I. II)

50
Evangelist
E.
Und er warf die Sil-ber - lin-ge in den Tem-pel, hub sich da-von, ging hin, und er-
(Chorus I)
Cont.
Org.
4
hänge - te sich selbst. A-ber die Hohenpriester nahmen die Silberlinge, und sprachen: [106]
7
1. Priester
1. Pr.
Es taugt nicht, es taugt nicht, daß wir sie in den Gottes-kasten le - - - - -
2. Priester
2. Pr.
Es taugt nicht, daß wir sie in den Gottes-kasten le - - - - - - -
11
- - - - gen, denn es ist Blut - - - geld, denn es ist Blut - geld.
- - - - gen, denn es ist Blut - - - geld, denn es ist Blut - geld.

51 Aria
(Chorus II)
Vl. Solo
Vl. Vla.
Cont. Org.
4
7
10
13
Basso (Chorus II)
B.
Gebt mir mei - nen Je - sum wieder, gebt mir, gebt mir
16
B.
mei-nen Je-sum wie-der! Seht, das Geld, den Mör-der -

18

B. lohn, wirft euch der ver-lor-ne Sohn_ zu_ den Fü-ßen nie-der, seht, das

21 A

B. Geld, den Mörder - lohn, seht,_ das Geld, den Mörder-

24

B. lohn, wirft_ euch der ver-lor-ne Sohn zu den Fü - ßen nie - der.

27 B

f

31

33 C

B. Seht,_ das Geld, den Mörder - lohn, wirft euch der ver-lor-ne Sohn zu_ den

p

36
B.
Fü - ßen nie - der, seht, das Geld, den Mörder - lohn, wirft euch der ver-lor-ne
39
D
B.
Sohn zu den Fü - ßen nie - der. Gebt
43
B.
mir mei-nen Je - sum, meinen Je-sum, gebt mir mei -
46
B.
nen Je-sum wieder, mei-nen Je - sum gebt mir wie-der,
49
B.
gebt mir meinen Je-sum wie - der, gebt mir meinen Je - sum

52
E
B.
wieder, mei-nen Je-sum wie-der!
f
tr
56
59
62
p
f
52
Evangelist
E.
Sie hielten a-ber ei-nen Rat, und kauften ei-nen Töpfers=A-cker darum, zum Begräbnis der
(Chorus I)
Cont.
Org.
4
Pil-ger. Da-her ist der-sel-bi-ge A-cker genen-net der Blut-a-cker, bis auf den heu-ti-gen Tag.

7
E.
Da ist er-fül-let, das ge - sagt ist durch den Pro-phe-ten Je-re - mi-as, da er spricht: Sie
10
E.
ha-ben ge-nommen dreißig Sil-ber- lin-ge, da-mit be-zahlet ward der Ver-kauf-te, welchen sie kauften
13
E.
von den Kindern Is-ra - el; und haben sie ge-ge-ben um ei-nen Töpfers = A-cker, als mir der Herr be-foh-len
16
E.
hat. Je-sus a-ber stand vor dem Landpfleger; und der Landpfleger frag-te ihn, und sprach:
Pilatus
Pi.
Bist
16
19
Evangelist
E.
Je-sus a-ber sprach zu ihm:
Jesus
Und da er ver-
Je.
Du sa-gest's. [145]
Pi.
19
du der Ju-den Kö-nig?
Str.
p

22
E.
klagt ward von den Ho-hen-priestern und Äl - te-sten, ant-wor-te-te er nichts. Da
Cont. Org.
[f]
25
E.
sprach Pi - la - tus zu ihm:
Pilatus
Pi.
Hö - rest du nicht, wie hart sie dich ver-kla-gen?
Und er
25
27
E.
antwor-te-te ihm nicht auf ein Wort, al - so, daß sich auch der Landpfleger sehr verwunder-te.
53 Choral
Chori I. II
Fl. Ob.
Vl. Vla.
Cont. Org.
Be - fiehl du dei - ne We - ge und was dein Her - ze kränkt
der al - ler - treu - sten Pfle - ge dess, der den Him - mel lenkt;
4
der Wol - ken, Luft und Win - den gibt We - ge, Lauf und
8
Bahn, der wird auch We - ge fin - den, da dein Fuß ge - hen kann.

54
Evangelist
E.
Auf das Fest a-ber hat-te der Landpfleger Gewohnheit, dem Volk ei-nen Ge-fan-ge-nen los-zu-
(Chorus I)
Cont. Org.
4
ge-ben, welchen sie woll-ten. Er hat-te a-ber zu der Zeit ei-nen Gefan-ge-nen, ei-nen
7
sonder-li-chen vor andern, der hieß Barrabas. Und da sie versammlet wa-ren, sprach Pi-la-tus zu ih-nen:
Pilatus
10
Pi.
Welchen wollet ihr, daß ich euch los-ge-be? Barrabam, o-der Je-sum, von dem ge-sa-get
13
Evangelist
Denn er wuß-te wohl, daß sie ihn aus Neid ü-berantwor-tet hat-ten. Und da er
wird, er sei Chri-stus.

16
E.
auf dem Richt-stuhl saß, schi-cke-te sein Weib zu ihm, und ließ ihm sa-gen:
6
6
5
18
Pilati Weib
P. W.
Ha-be du nichts zu schaffen mit die-sem Gerech-ten; ich ha-be heu-te viel er-lit-ten im Traum von
6
6
5
21
P. W.
sei-net-we-gen. [113]
Evangelist
E.
A-ber die Ho-henprie-ster und die Äl-te-sten ü-ber-re-de-ten das
21
6
24
E.
Volk, daß sie um Barrabam bit-ten soll-ten, und Je-sum umbrächten. Da antworte-te nun der Land-
6
5
6
27
E.
pfle-ger, und sprach zu ih-nen:
Pilatus
Pi.
Wel-chen wollt ihr un-ter die-sen zwei-en, den
27
6
6
5

29
E.
Sie spra-chen: Pi - la - tus sprach zu
Pi.
ich euch soll los - ge - ben?
Chorus I
Sopr.
Bar-ra-bam!
Alto
Bar-ra-bam!
Ten.
Bar-ra-bam!
Basso
Bar-ra-bam!
Chorus II
Sopr.
Bar-ra-bam!
Alto
Bar-ra-bam!
Ten.
Bar-ra-bam!
Basso
Bar-ra-bam!
29
(Chorus I)
(Chori I. II)
32
E.
ih-nen: Sie sprachen
Pi.
Was soll ich denn machen mit Je-su, von dem ge-sagt wird, er sei Chri-stus? [113]
32

35
E.
al - le:
Sopr. Chori I. II
Alto
Ten.
Laß ihn kreu -
Basso
Laß ihn kreu -
35
(Chori I. II)
Fl. Ob.
Vl. Vla.
Cont. Org.
tr
38
Laß ihn kreu -
Laß ihn kreu -
zi - gen, laß ihn kreu -
38
41
zi - gen, laß ihn kreu - zi - gen.
zi - gen, laß ihn kreu - zi - gen.
zi - gen, laß ihn kreu - zi - gen.
zi - gen.
41

55 Choral
Chori I. II
Fl. Ob. Vl. Vla. Cont. Org.
Wie wun-der-bar-lich ist doch die-se Stra-fe! der gu-te Hir-te lei-det für die
6
Scha-fe; die Schuld be-zahlt der Her-re, der Ge-rech-te, für sei-ne Knech-te!
56
Evangelist
E.
Der Land-pfle-ger sag-te: [117]
Pilatus
Pi.
Was hat er denn Ü-bels ge-tan? [118]
(Chorus I)
Cont. Org.
57 Recitativo
Soprano
S.
Er hat uns al-len wohl-ge-tan. Den Blin-den
(Chorus I)
Ob. d'acc. Cont. Org. a batutta
3
gab er das Ge-sicht, die Lah-men macht' er ge-hend;
5
er sagt' uns sei-nes Va-ters Wort, er trieb die Teu-fel fort; Be-trüb-te

8
S.
hat er auf - ge - richt't; er nahm die Sün - der auf und
10
S.
an; sonst hat mein Je - sus nichts ge - tan.
58 Aria
(Chorus I)
Fl. Solo.
Ob. d. cacc.
stacc.
5
9
A
13
Soprano
S.
Aus Lie - - - - - - - - - be, aus
p

17
S.
Lie - be, aus Lie-be will mein Heiland ster - ben, aus
21
S.
Lie-be will mein Hei-land ster- - - - - - - - - -ben, von
25
B
S.
ei - ner Sünde weiß er nichts, nichts, von ei - ner Sün-de weiß er nichts,
29
33
C
S.
daß das
36
S.
e- - - - - - - wi-ge Ver - der-ben und die
tr

Stra - - - - - fe des Ge-richts nicht auf mei- - -
- ner See - le blie - be. Aus Lie- - - be, aus Lie- - -
D
- be will mein Heiland ster - - - - - - - - - - - - - ben, aus
E
Lie-be will mein Hei-land ster - - - - - - - - - ben, von
ei-ner Sünde weiß er nichts, nichts, von ei-ner Sünde weiß er nichts. [166]
F

67
71
59
Evangelist
E.
Sie schrieen a-ber noch mehr, und sprachen:
Chori I.II
Sopr.
Alto
Ten.
Basso
Laß ihn kreu-
(Chori I.II)
(Chorus I)
Cont.
Org.
Fl. Ob.
Vl. Vla.
Cont. Org.
4
Laß ihn kreu-
Laß ihn kreu-
Laß ihn kreu-
zi-gen, laß ihn kreu-
4

8
E.
Evangelist
Da
-zi - gen, laß ihn kreu - zi - gen.
- -zi - gen, laß ihn kreu - - zi- -gen.
- -zi - gen, laß ihn kreu - - zi - gen.
- - zi- - gen.
8
(Chorus I)
Cont. Org.
6
11
a - ber Pi - la - tus sa - he, daß er nichts schaf-fe - te, son-dern daß ein viel grö - ßer Ge -
13
türmmel ward, nahm er Wasser, und wusch die Hände vor dem Volk, und sprach:
Pilatus
P.
Ich bin
6
5
6 #
16
Da ant-wor-te-te das ganze Volk, und
unschuldig an dem Blut die-ses Ge-rechten, se-het ihr zu. [128]
6 # 4+ 2 6

19
E.
sprach:
Chori I.II
Sein Blut kom- - -me ü- - -ber uns und un-sre Kin- - -
Sein Blut kom - me ü-ber uns und un-sre Kin - der, sein Blut kom -
Sein Blut kom - me ü-ber uns und un-sre Kin - der, sein Blut kom - me
Sein Blut kom - me ü - ber uns und un-sre Kin-der, ü-ber uns und un-sre
19
(Chori I.II)
22
- der, und un-sre Kin - der, sein Blut kom - me
- me ü- - -ber uns und un-sre Kinder, ü-ber uns und un-sre Kin- - -
ü - ber uns und un-sre Kinder, ü-ber uns und un-sre Kin- - - - - -
Kin - der, un-sre Kin - der, sein Blut kom- - - - - me ü-ber
22
25
ü - ber uns und un-sre Kin-der, ü-ber uns und un - sre Kin- - - -
der, sein Blut kom - me ü - ber uns und un-sre
der, und un - sre Kin- - - - der, sein Blut kom - me ü- - -ber
uns und un-sre Kin- - der, ü - ber uns und un-sre Kin-der, un-sre Kin - der, sein
25

28
der, ü - ber uns und un - sre Kin - - der, ü - - ber uns und un - sre
Kin - der, ü - ber uns und un - sre Kin - - der, ü - ber uns und un -
uns, ü - ber uns, ü - ber uns, ü - ber uns und un - sre Kin - der, ü - ber uns und
Blut kom - me ü - ber uns und un - sre Kin - der, sein Blut kom - me ü - ber
28
81
Kin - - - - - der, sein Blut kom - me ü - ber uns und un - sre
- - sre Kin - - - der, sein Blut kom - me ü - ber uns und un - sre
un - sre Kin - der, ü - ber uns, kom - - me ü - ber uns, kom -
uns und un - sre Kin - der, ü - ber uns und un - sre Kin - der, ü - ber uns und un - sre Kin - - -
81
84
Evangelist
Da gab er
Kin - der, kom - me ü - ber uns und un - sre Kin - - der.
Kin - der, kom - - me ü - ber uns und un - sre Kin - der.
- me ü - ber uns und un - sre Kin - der.
der, ü - ber uns, ü - ber uns und un - sre Kin - der.
84
(Chorus I)
Cont. Org.
6

87

E.

ih - nen Bar - rab-bam los; a - ber Je - sum ließ er gei - ßeln, und

6 ♯6

89

E.

ü - ber-ant-wor - te - te ihn, daß er ge - kreu - zi - get wür - de. [125]

♮ 6 7♮ 5 ♯

60 Recitativo

Alto (Chorus II)

A.

(Chorus II) Er - barm es Gott! Hier steht der Hei-land an-ge-bun - den. O

Vl.Vla. *p*
Cont.Org.

8

A.

Gei - ße-lung, o Schläg, o Wun-den! Ihr Hen - ker, hal-tet

5

A.

ein! Er - wei - chet euch der See - len Schmerz, der An - blick

7

A.

sol - ches Jam-mers nicht? Ach ja, ihr habt ein Herz, das muß der

9

A.

Mar - ter - säu - le gleich, und noch viel här - ter

10

A.

sein. Er - barmt euch, hal - tet ein!

61 Aria

(Chorus II)

Vl. unis.
Cont. Org.

6

11

A.

Alto (Chorus II)

Können Trä - nen mei - ner Wan - gen nichts er - lan -

16

A.

- gen, nichts er - lan - - - gen, o, so nehmt mein Herz hin - ein,

21
A
A.
— so nehmt mein Herz hin - ein, — o, — so — nehmt mein Herz hin - ein!
f
26
31
A.
Können Trä - - nen mei-ner Wan - gen nichts er - lan - -
p
36
A.
- gen, können Trä - nen mei-ner Wan - gen nichts er - lan - - - gen,
41
B
A.
kön - - nen Tränen mei - ner Wang-en nichts er - lan - - - gen,
45
A.
o, so nehmt mein Herz hin - ein, so nehmt mein Herz, mein Herz hin - ein, o, so

49
C
A.
nehmt mein Herz, o, so nehmt mein Herz hin-ein.
f
54
59
64
A - ber laßt es bei den Flu - ten, wenn die Wun - den mil-de blu - ten,
p
[Fine]
68
D
auch die Opfer-scha-le sein.
73
78
E
A-ber laßt es bei den Fluten, wenn die Wunden mil - de bluten, auch die Opfer-schale

88
A.
sein, die O-pfer-scha-le, die O-pfer-scha-le sein, a-ber laßt es
tr
87
A.
bei den Flu - ten, wenn die Wun - den mil-de blu - ten auch die O-pferschale sein. [140]
tr
da capo
62
Evangelist
E.
(Chorus I) Da nahmen die Kriegsknechte des Land-pflegers Je-sum zu sich in das Richthaus, und
Cont. Org.
6
8
E.
sammleten ü-ber ihn die ganze Schar; und zogen ihn aus, und le-ge-ten ihm einen Purpurmantel
6
7♭
5
6
E.
an; und flochten ei-ne Dornen-kro-ne, und setzten sie auf sein Haupt, und ein Rohr in sei-ne rechte
♭
6
4
2
6
5
♭
4
2
9
E.
Hand, und beu-ge-ten die Knie vor ihm, und spot-te-ten ihn, und
♭

11

E.

sprachen: Chorus I

Sopr. Gegrüßet, gegrüßet seist du, gegrüßet seist du, Juden-könig!

Alto Gegrüßet, gegrüßet seist du, gegrüßet seist du, Juden-könig!

Ten. Gegrüßet, gegrüßet seist du, gegrüßet seist du, Juden-könig!

Basso Gegrüßet, gegrüßet seist du, gegrüßet seist du, Juden-könig!

Chorus II

Sopr. Gegrüßet, gegrüßet seist du, gegrüßet seist du, Juden-könig!

Alto Gegrüßet, gegrüßet seist du, gegrüßet seist du, Juden-könig!

Ten. Gegrüßet, gegrüßet seist du, gegrüßet seist du, Juden-könig!

Basso Gegrüßet, gegrüßet seist du, gegrüßet seist du, Juden-könig!

(Chori I.II)

Fl. Ob. Vl. Vla. Cont. Org.

14

E. Und speieten ihn an, und nahmen das Rohr, und schlugen damit sein Haupt.

(Chorus I)

Cont. Org.

63
Choral
Chori I.II
Fl.Ob.
Vl.Vla.
Cont.Org.
1. O Haupt voll Blut und Wun - den, voll Schmerz und vol - ler Hohn!
O Haupt, zu Spott ge - bun - den mit ei - ner Dor - nen - kron!
2. Du ed - les An - ge - sich - te, vor dem sonst schrickt und scheut
das gro - ße Welt - ge - rich - te, wie bist du so be - speit!
4
O Haupt, sonst schön ge - zie - ret mit höch - ster Ehr und
Wie bist du so er - blei - chet, wer hat dein Au - gen -
8
Zier, jetzt a - ber hoch schim - pfie - ret: ge - grü - ßet seist du mir!
licht, dem sonst kein Licht nicht glei - chet, so schänd - lich zu - ge - richt't?
64
Evangelist
E.
Und da sie ihn verspottet hat-ten, zogen sie ihm den Man-tel aus, und zo-gen ihm sei-ne Kleider
(Chorus I)
Cont. Org.
4
an, und füh-reten ihn hin, daß sie ihn kreu - - zigten. Und indem sie hinaus gingen,
7
fanden sie einen Menschen von Ky-rene, mit Namen Simon; den zwangen sie, daß er ihm sein Kreuz trug. [133]

65 Recitativo
Basso (Chorus I)
B.
Ja, frei-lich will in uns das Fleisch und Blut zum
(Chorus I)
Fl.
Vla.d.g.
Cont.Org.
p
a batutta
3
Kreuz gezwungen sein; je mehr es unsrer Seele gut, je herber geht es ein.
66 Aria
(Chorus I)
Vla.d.g.
Cont.Org.
p e stacc.
tr
3
5
7
Basso (Chorus I)
Komm,

9
B.
sü - ßes Kreuz, komm, sü - - ßes Kreuz, komm,
tr
11
B.
sü - ßes Kreuz, so will ich sa - gen, mein Je - - su,
13
B.
gib es im - mer her, komm, sü - - - ßes Kreuz, komm,
3
3
15
B.
sü - - - ßes Kreuz, so will ich sa-gen, mein Je - su, gib es im - mer
3
17
B.
her, komm, sü - ßes Kreuz, so will ich sa - gen, mein Je - - -

A
19
B.
- su, gib es im - mer her!
21
B.
23
B
B.
Wird mir mein Lei - - - - - - - - -
25
B.
- - den einst zu schwer, zu schwer, zu schwer, mein Lei -
27
B.
- - - - - den einst zu schwer, zu schwer, zu

29
B.
schwer, so hilf du mir es sel - ber tra - - - -
31
B.
- - - - - - gen, so hilf du mir es sel - - ber
33
B.
tra - gen, so hilf du mir es sel-ber tra - gen.
C
35
37
39
B.
Komm, sü - ßes Kreuz, komm, sü - ßes Kreuz, komm,
tr

42

B.

sü - - ßes Kreuz, so will ich sa - gen, mein Je - su,

44

B.

gib es im - mer her, komm, sü - - ßes Kreuz, komm,

46

B.

sü - - ßes Kreuz, so will ich sa-gen, mein Je - su, gib es im - mer

D

48

B.

her, komm, sü - ßes Kreuz, so will ich sa - gen, mein Je -

50

B.

- su, gib es im-mer her! [151]

53

67
Evangelist
E.
Und da sie an die Stät-te ka-men, mit Na-men Gol-ga-tha, das ist ver-deut-schet,
(Chorus I)
Cont. Org.
3
Schädel-stätt, gaben sie ihm Es-sig zu trinken mit Gallen ver-mischet; und da er's schmecke-te,
6
woll-te er's nicht trin-ken. Da sie ihn a-ber gekreu-zi-get hat-ten, teil-ten sie sei-ne
9
Kleider, und wurfen das Los dar-um; auf daß er-fül-let wür-de, das ge-sagt ist durch den Pro-
12
phe-ten: Sie haben mei-ne Kleider unter sich ge-tei-let, und ü-ber mein Gewand haben sie das Los ge-
15
wor-fen. Und sie sa-ßen all-da, und hü-te-ten sein. Und o-ben zu sei-nem

18
E.
Haup-te hef-te-ten sie die Ur-sach sei-nes To-des be-schrieben, näm-lich: Dies ist Je-sus, der Ju-den
21
Kö-nig. Und da wurden zween Mörder mit ihm gekreu-zi-get, ei-ner zur Rechten, und ei-ner zur
24
Linken. Die a-ber vorü-ber gingen, lä-sterten ihn, und schüttel-ten ih-re Köpfe, und sprachen:
[136]
28
Sopr.
Chorus I
Der du den Tem-pel Got-tes zer-
Alto
Der du den Tem-pel Got-tes zer-
Ten.
Der du den Tem-pel Got-tes zer-
Basso
Der du den
Sopr. Chorus II
Der du den Tem-pel Got-tes zer-brichst, und bau- - - - - est
Alto
Der du den Tem-pel Got-tes zer-brichst, und bau- - - - - est
Ten.
Der du den Tem-pel Got-tes zer-brichst, und bau- - - - - est
Basso
Der du den Tem-pel Got - tes zer-brichst, und bau-
28
(Chori I.II)
Fl.Ob.
Vl.Vla.
Cont.Org.

30
brichst, und bau- - - - -est ihn in drei-en Ta-gen, hilf
brichst, und bau- - - - -est ihn in drei-en Ta-gen,
brichst, und bau-est, bau - est ihn in drei-en Ta-gen,
Tem-pel Got-tes zerbrichst, und bau- - -est ihn in drei-en Ta-gen,
ihn in drei-en Ta-gen, hilf dir sel-ber. Bist
ihn in drei-en Ta-gen, hilf dir sel-ber. Bist du Got-tes
ihn in drei-en Ta-gen, hilf dir
- - -est ihn in drei-en Ta-gen,
30
33
dir sel-ber. Bist du Got- - - - -tes Sohn, so steig
hilf dir sel-ber. Bist du Got - tes Sohn, so steig
hilf dir sel-ber. Bist du Got-tes Sohn, so
hilf dir sel-ber. Bist du Got - tes Sohn, so steig
du Got-tes Sohn, bist du Got- - - - -tes Sohn, so steig
Sohn, hilf dir sel- - -ber, hilf dir sel-ber, bist du Got - tes Sohn, so steig
sel-ber. Bist du Got - tes Sohn, hilf dir sel-ber, bist du Got-tes Sohn, so
hilf dir sel-ber. Bist du Got - tes Sohn, so steig
33

36
her-ab, so steig her-ab, so steig
her-ab, so steig her-
steig her-ab, so steig her-
her-ab, so steig her-ab, so steig her-
her-ab, so steig her-ab, so steig
her-ab, so steig her-
steig her-ab, so steig her-
her-ab, so steig her-ab, so steig her-
36
39
E.
Evangelist
Des-glei-chen auch die Ho-hen-prie-ster spot-te-ten
her-ab vom Kreuz.
ab, so steig her-ab vom Kreuz.
ab, so steig her-ab vom Kreuz.
ab, so steig her-ab vom Kreuz.
her-ab vom Kreuz.
ab, so steig her-ab vom Kreuz.
ab, so steig her-ab vom Kreuz.
ab, so steig her-ab vom Kreuz.
39
(Chorus I)
Cont. Org.
6

42
E.
sein, samt den Schriftgelehrten und Äl-te-sten, und sprachen: [140]
An-dern hat er ge-
An-dern hat er ge-
An-dern hat er ge-
An-dern hat er ge-
An-dern hat er ge-hol-fen, und
An-dern hat er ge-hol-fen, und
An-dern hat er ge-hol-fen, und
An-dern hat er ge-hol-fen, und
42
(Chori I. II)
45
hol-fen, und kann sich sel-ber nicht hel-fen. Ist er der
hol-fen, und kann sich sel-ber nicht hel-fen. Ist er der Kö - nig
hol-fen, und kann sich sel-ber nicht hel-fen. Ist er der Kö - nig Is - ra-
hol-fen, und kann sich sel-ber nicht hel-fen. Ist er der Kö-
kann sich sel-ber nicht hel- - fen. Ist er der
kann sich sel-ber nicht hel- - fen. Ist er der Kö - nig
kann sich sel-ber nicht hel- - fen. Ist er der Kö - nig Is - ra-
kann sich sel-ber nicht hel- - fen. Ist er der Kö-
45

48
Kö - nig Is - ra-els, so stei - ge er nun vom Kreuz, so stei - ge er nun vom
Is - ra-els, Is - ra-els, so stei - ge er nun vom Kreuz, so stei - ge er,
els, der Kö - nig Is-ra-els, so stei - ge er nun vom Kreuz, so stei-
- - nig Is-ra-els, so stei - ge er nun vom Kreuz, so stei-
Kö - nig Is - ra-els, so stei - ge er nun vom Kreuz, so stei - ge er nun vom
Is - ra-els, Is - ra-els, so stei - ge er nun vom Kreuz, so stei - ge er,
els, der Kö - nig Is-ra-els, so stei - ge er nun vom Kreuz, so stei-
- - nig Is-ra-els, so stei - ge er nun vom Kreuz, so stei-
48
52
Kreuz, so stei - ge er nun vom Kreuz, so wol-len wir ihm glau - ben. Er hat
so stei - ge er nun vom Kreuz, so wol-len wir ihm glau - ben. Er hat
ge er nun vom Kreuz, so stei-ge er nun vom Kreuz, so wol-len wir ihm glau - ben. Er hat
ge er nun vom Kreuz, so stei-ge er nun vom Kreuz, so wol-len wir ihm glau - ben. Er hat
Kreuz, so stei - ge er nun vom Kreuz, so wol-len wir ihm glau - ben. Er hat
so stei - ge er nun vom Kreuz, so wol-len wir ihm glau - ben. Er hat
ge er nun vom Kreuz, so stei-ge er nun vom Kreuz, so wol-len wir ihm glau - ben. Er hat
ge er nun vom Kreuz, so stei-ge er nun vom Kreuz, so wol-len wir ihm glau - ben. Er hat
52

56

Gott ver-trau - et, der er-lö - se, er-lö - - - - - - - - -

Gott ver-trau - et, der er-lö-se ihn, er - lö - - se, er-

Gott ver-trau - et, der er - lö-se ihn, er-lö - - - - - se, er-

Gott ver-trau - et, der er - lö-se ihn, er-lö - -

Gott ver-trau - et, der er-lö - se, er - lö - - - - - - - -

Gott ver-trau - et, der er-lö-se ihn, er - lö - - se, er-

Gott ver-trau - et, der er - lö-se ihn, er-lö - - - - se, er-

Gott ver - trau - et, der er - lö-se ihn, er-lö - -

56

60

- se ihn nun, lü- - -stet's ihn; denn er hat ge-sagt: Ich bin Got-tes Sohn.

lö - se ihn nun, lü- - -stet's ihn; denn er hat ge-sagt: Ich bin Got-tes Sohn.

lö - se ihn nun, lü- - -stet's ihn; denn er hat ge-sagt: Ich bin Got-tes Sohn.

- se ihn nun, lü- - -stet's ihn; denn er hat ge-sagt: Ich bin Got-tes Sohn.

- se ihn nun, lü- - -stet's ihn; denn er hat ge-sagt: Ich bin Got-tes Sohn.

lö - se ihn nun, lü- - -stet's ihn; denn er hat ge-sagt: Ich bin Got-tes Sohn.

lö - se ihn nun, lü- - -stet's ihn; denn er hat ge-sagt: Ich bin Got-tes Sohn.

- se ihn nun, lü- - -stet's ihn; denn er hat ge-sagt: Ich bin Got-tes Sohn.

60

68
Evangelist
E.
Desglei-chen schmä-he-ten ihn auch die Mör-der, die mit ihm ge-kreu-zi-get wur-den. [145]
(Chorus I)
Cont. Org.
69 Recitativo
Alto (Chorus I)
A.
Ach Gol-ga-tha, un-sel' - ges Gol-ga-tha! Der Herr der Herrlichkeit muß
(Chorus I)
Ob.d.cacc. Cont.Org.
Vc.pizz.
Cb.
4
schimpf-lich hier ver - der-ben, der Se - gen und das Heil der Welt wird als ein Fluch ans Kreuz ge-
7
stellt. Der Schöpfer Himmels und der Er-den soll Erd und Luft ent-zo-gen
10
wer-den; die Un-schuld muß hier schul-dig ster-ben: Das ge - het mei-ner See-le

13
A.
nah; ach Gol-ga-tha, un-sel'-ges Gol-ga-tha!
70 Aria
(Chorus I)
Ob.d.cacc.
Cont.Org.
stacc.
tr
4
6
8
Alto
Se-
p
11
-het,
se-het, Je-sus hat die
f

14
A.
Hand, uns zu fas-sen aus-ge-spannt,
uns zu fas-sen aus-ge-
tr
p
17
A
spannt, kommt, kommt, kommt, in Je-su Ar-men sucht Er-lö-sung,
Sopr.
Chorus II
Wo-hin? Wo-hin? Wo-hin?
Alto
Wo-hin? Wo-hin? Wo-hin?
Ten.
Wo-hin? Wo-hin? Wo-hin?
Basso
Wo-hin? Wo-hin? Wo-hin?
20
B
nehmt Er-bar - - - men, suchet! in Je-su Ar - - - - - - -
Wo?
Wo?
Wo?
Wo?

23
C
A.
-men, su-chet! in Je-su Ar-men.
Wo?
Wo?
Wo?
Wo?
26
Le-bet, le-bet,
29
ster-bet, ru-het hier, le-bet, le-bet,
32
ster-bet, ru-het hier, ihr ver-laß-nen Küchlein

35
A.
ihr, blei
38
D
bet in Je - su Ar - men, blei
Wo?
Wo?
Wo?
Wo?
38
D
41
A.
bet in Je - su Ar - men. [165]
tr
Wo?
Wo?
Wo?
Wo?
41

44

47

50

71

Evangelist

E. Und von der sechsten Stun-de an ward ei-ne Fin-ster-nis ü-ber das gan-ze Land, bis

(Chorus I)

Cont. Org.

6 6

4

E. zu der neun-ten Stun-de. Und um die neun-te Stun-de schrie-e Je-sus laut, und

6[♭] 7[♭] 4 2 7 ♮

7

Adagio

E. sprach: Das ist: Mein Gott, mein

Jesus

Je. E - li, E - li, la-ma, la-ma a - sab-tha-ni? [𝄌]

7

Adagio

p p f p

♭ 6♭ 4 7[♮] 6♭ 4 [2] 5 3 7 6 ♮ 6 5♭ ♭ 6♭ 4

11
E.
Gott, war-um hast du mich ver-las-sen? Et-li-che a-ber, die da stun-den, da sie das
14
E.
hö-re-ten, spra-chen sie:
Chorus I
Sopr.
Der ru-fet den E-li-as.
Alto
Der ru-fet den E-li-as.
Ten.
Der ru-fet den E-li-as.
Basso
Der ru-fet den E-li-as.
14
(Chorus I)
Ob.
Vl.Vla.
Cont.Org.
16
Evangelist
E.
Und bald lief ei-ner un-ter ih-nen, nahm ei-nen Schwamm, und
Cont.
Org.
18
E.
fül-le-te ihn mit Es-sig, und ste-cke-te ihn auf ein Rohr, und

20
E.
trän - ke - te ihn.
Die an - dern a - ber spra - chen:
Fl.Vl.
(Chorus II)
22
Chorus II
Halt, halt, laß se - hen, ob E - li - as
Halt, halt, laß se - hen, ob E - li - as
Halt, halt, laß se - hen, ob E - li - as
Halt, halt, laß se - hen, ob E - li - as
22
Ob.Vla.
Cont. Org.
24
Evangelist
E.
A - ber Je - sus schrie - e a - ber - mal laut, und verschied.
kom - me, und ihm hel - fe.
kom - me, und ihm hel - fe.
kom - me, und ihm hel - fe.
kom - me, und ihm hel - fe.
24
(Chorus I)
Cont. Org.

72 Choral
Chori I.II
Fl.Ob. Vl.Vla. Cont. Org.
Wenn ich ein-mal soll schei-den, so schei-de nicht von mir!
Wenn ich den Tod soll lei-den, so tritt du dann her-für!
Wenn mir am al-ler-
6
bäng-sten wird um das Herze sein, so reiß mich aus den Ängsten kraft deiner Angst und Pein!
73
Evangelist
E.
Und sie-he da, der Vorhang im Tem-pel zer-riß in zwei Stück,
(Chorus I)
Cont. Org.
3
von o-ben an bis unten aus. Und die Er-de er-
5
be-be-te, und die Fel-sen zer-ris-sen,
6
und die Grä-ber tä-ten sich auf, und

8
E.
stun - den auf viel Lei - - ber der Hei - li - gen, die da
9
schlie - - - fen; und gin - gen aus den Gräbern nach sei - ner Auf - er -
12
steh - ung, und ka - men in die hei - li - ge Stadt, und er - schie - nen vie - len.
14
A - ber der Haupt - mann, und die bei ihm wa - ren, und be - wah - re - ten
16
Je - sum, da sie sa - hen das Erdbe - ben, und was da ge - schah, er - schraken sie sehr, und sprachen:

19

E.

Evangelist

Und es waren viel Weiber

Chori I.II

Sopr.
Wahrlich, die - ser ist Got-tes Sohn ge- we - sen.

Alto
Wahrlich, die - - ser ist Got-tes Sohn ge - we - - sen.

Ten.
Wahrlich, wahrlich, die-ser ist Got - - tes Sohn ge - we - - sen.

Basso
Wahrlich, die - ser ist Got-tes Sohn ge - we - sen.

19 (Chori I.II)

Ob. Vl.
Vla.
Cont. Org.

(Chorus I)

Cont.
Org.

6♭

22

E.
da, die von fer-ne zu-sa-hen, die da wa-ren nach-ge - fol-get aus Ga-li-lä-a, und

5 ♭ 4+ 2 6 6 5

25

E.
hat-ten ihm ge-die-net; unter welchen war Ma-ri-a Magda - le-na, und Ma-ri-a, die Mutter Ja-

♯6

28

E.
co-bi und Jo-ses, und die Mut-ter der Kinder Ze-be-dä-i. Am A-bend a-ber

♭ 6 4 2 6 4 2 6 4 5 ♯ ♭ 6♭

31
E.
kam ein rei-cher Mann von A-ri-ma-thi-a, der hieß Jo-seph, wel-cher
33
E.
auch ein Jün-ger Je-su war. Der ging zu Pi-la-to, und bat ihn
5
♭
6
35
E.
um den Leichnam Je-su. Da be-fahl Pi-la-tus, man soll-te ihm ihn ge-ben. [159]
6
4 3[♮]
74 Recitativo
Basso
B.
Am A-bend da es küh-le war, ward A-dams Fal-len of-fen-
(Chorus I)
Vl.Vla.
Cont.Org.
p sempre
3
B.
bar. Am A-bend drü-cket ihn der Hei-land nie-der.

5

B. Am A - bend kam die Tau - be wie - der, und trug ein Öl - blatt in dem

7

B. Munde. O schö - ne Zeit! O A-bend-stunde! Der Frie-dens-

10

A

B. schluß ist nun mit Gott ge - macht, denn Je - sus hat sein Kreuz voll - bracht. Sein

13

B. Leichnam kommt zur Ruh. Ach! liebe See-le, bit-te du, geh, lasse dir den

16

B. to - ten Je-sum schenken, o heil - sa-mes, o köstlich's An - gedenken!

75 Aria
(Chorus I)
Ob. d. cacc.
Vl. Vla.
Cont. Org.
4
6
8
B.
Basso (Chorus I)
Ma - che dich, mein Her - ze,
10
rein, ma - che dich, mein Her - ze,
13
rein, ich will Je - sum selbst be - gra - ben, ich will Je - sum selbst be - gra - ben,

16
B.
ma - che dich, mein Her - ze, rein,
18
ma - che dich, mein Her - ze, rein, ich will Je - sum selbst be -
20
gra - ben, ich will Je - sum selbst be - gra
tr
22
ben, ma - che dich, mein Her - ze,
24
A
rein, ich will Je - sum selbst be - gra
tr

26
B.
ben, ma-che dich, mein Her-ze, rein, ich will Je-sum selbst be-gra-ben, ich will Je-sum selbst be-
29
B.
gra-ben,
f
32
tr
34
36
B.
denn er soll nun-mehr in
tr
p
38
B.
mir für und für, für und für sei-ne sü-ße Ru-he

40
B.
ha - ben, denn er soll nun - mehr in mir für und
42
B.
für sei - ne sü - ße Ru - - - - - - - - he
44
B.
ha - ben, sei - ne sü - ße Ru - he ha - ben.
46
B.
Welt, geh aus,
49
B.
Welt, geh aus, laß Je - sum ein, Welt, geh aus, laß Je - sum ein!

52
B.
Ma - che dich, mein Her - ze,
54
rein,
ma - che dich, mein Her - ze,
p
57
rein, ich will Je-sum selbst be - gra-ben, ich will Je-sum selbst be-gra-ben,
tr
60
ma - che dich, mein Her - ze, rein,
62
ma - che dich, mein Her - ze, rein, ich will Je - sum selbst be -

gra - ben, ich will Je - sum selbst be - gra -
ben, ma - che dich, mein Her - ze,
rein, ich will Je - sum selbst be - gra -
ben, ma-che dich, mein Her-ze, rein, ich will Je - sum selbst be - gra-ben, ich will Je-sum selbst be-
gra-ben. [164]

78
80
76
Evangelist
E.
Und Jo-seph nahm den Leib, und wi-ckel-te ihn in ein' rein
(Chorus I)
Cont. Org.
8
Lein-wand. Und leg-te ihn in sein ei-gen neu Grab, wel-ches er hat-te
5
las-sen in ei-nen Fels hau-en; und wäl-ze-te ei-nen gro-ßen Stein vor die Tür des
7
Gra-bes, und ging da-von. Es war a-ber all-da Ma-ri-a Mag-da-le-na, und die

10
E.
an - de - re Ma - ri - a, die setz-ten sich ge - gen das Grab.
12
E.
Des an-dern Ta-ges, der da fol - get nach dem Rüst - ta - ge, ka - men die
14
E.
Ho-henpriester und Pha-ri-sä-er sämt-lich zu Pi-la-to, und sprachen: [164]
Sopr.
Chorus I
Herr, wir
Alto
Herr, wir
Ten.
Herr, wir
Basso
Herr, wir
Sopr.
Chorus II
Herr, wir
Alto
Herr, wir
Ten.
Herr, wir
Basso
Herr, wir
14
(Chori I.II)
Fl.Ob.
Vl.Vla.
Cont.Org.

17
ha - ben ge-dacht, daß die - - ser Ver - füh-rer sprach, da er noch le - be-te:
ha - ben ge-dacht, daß die - ser Ver - füh - rer sprach, da er noch le - be-te:
ha - ben ge-dacht, daß die - ser Ver - füh - rer sprach, da er noch le - be-te:
ha - ben ge-dacht, daß die - ser Ver - füh - rer sprach, da er noch le - be-te:
ha - ben ge-dacht, daß die - - ser Ver - füh-rer sprach, da er noch le - be-te:
ha - ben ge-dacht, daß die - ser Ver-füh - rer sprach, da er noch le - be-te:
ha - ben ge-dacht, daß die - ser Ver - füh - rer sprach, da er noch le - be-te:
ha - ben ge-dacht, daß die - ser Ver - füh - rer sprach, da er noch le - be-te:
17
20
A
Chori I.II
Ich will nach drei - en Ta - - -
Ich will nach drei-en Ta-gen wie-der auf - er - ste - - hen,
Ich will nach drei-en Ta-gen wie-der auf - er - ste - hen, nach drei-en Ta - -
Ich will nach drei-en Ta-gen wie-der auf - er - ste - - - hen, ich will nach drei-en
20
A

23
B
- gen wie-der auf-er-ste - hen. Dar-um be-fiehl, daß man das Grab ver - wah - - - -
wie - - der auf-er-ste - hen. Dar-um be-fiehl, daß man das Grab ver -
- gen wie-der auf-er-ste - hen. Dar-um be - fiehl, daß man das Grab ver-
Ta-gen wie-der auf-er-ste - hen. Dar - um be-fiehl, daß man das Grab ver-
28
tr
B
26
C
- - - - re bis an den drit-ten Tag, auf daß nicht sei-ne
wah - re bis an den drit - ten Tag, auf daß nicht sei-ne Jün-ger
wah - re bis an den drit - ten Tag, auf daß nicht sei-ne Jün-ger kom -
wah - re bis an den drit - ten Tag, auf daß nicht sei-ne Jün-ger kom - men, und
26
C
29
Jün-ger kom - men, und steh-len ihn, und steh - len, und steh - len ihn, und
kom - men, und steh - len ihn, und steh - - - - len ihn, und
- men, und steh-len ihn, und steh - - len, und steh - len ihn, und
steh-len ihn, auf daß nicht sei-ne Jün-ger kom - men, und steh - len ihn, und sa -
29

32
D
sa - gen zu dem Volk: Er ist auf - er - stan - den von den To -
sa - gen zu dem Volk: Er ist auf - er -
sa - gen zu dem Volk: Er ist auf - er - stan - den, auf - er -
- gen zu dem Volk: Er ist auf - er -
32
D
34
- - - - - - ten; und wer - de der letz - te Be - trug
stan - den von den To - ten; und wer - de der letz - - - - -
stan - den von den To - ten; und wer - de der letz - - te Be -
stan - den von den To - ten; und wer - de der letz - - te Be -
34
36
är - - - - - - - ger, denn der erste, är -
- te Be-trug är - - - - - ger, är - - - - - -
trug är - - ger, är - - - - - - - - - - -
trug är - - - - - - - - - - - - - -
36

38
Evangelist
E.
Pi-la-tus sprach zu ih-nen:
Pilatus
Pi.
Da habt ihr die Hü-ter;
- ger, denn der er - - - ste.
- ger, denn der er - - - ste.
- ger, denn der er - ste.
- ger, denn der er - - - ste.
38
(Chorus I)
Cont.
Org.
41
E.
Sie gin-gen
Pi.
ge-het hin, und ver-wah-ret's, wie ihr wis-set.
41
43
E.
hin, und ver-wah-re-ten das Grab mit Hü-tern, und ver-sie-gel-ten den Stein.

77 Recitativo
Tenore
T.
Basso
B.
Die Müh ist
Nun ist der Herr zur Ruh ge-bracht.
Sopr.
Chorus II
Mein Je - - - - - - su, gu - te Nacht!
Alto
Mein Je-su, mein Je-su, gu - te_Nacht!
Ten.
Mein Je-su, mein Je-su, gu - te Nacht!
Basso
Mein Je-su, mein Je-su, gu - te Nacht!
(Chorus I)
a tempo
Fl.Ob.Str.
Vl.Vla.
Cont.Org.
p
(Chorus II)
(Chorus I)
Cont.Org.
4
Alto
A.
T.
O
aus, die un-sre Sün-den ihm ge-macht.
Mein Je-su, mein_ Je-su, gu - te Nacht!
Mein Je - - - - - - su,_ gu - te Nacht!
Mein Je-su, mein_ Je-su,_ gu - te Nacht!
Mein Je-su, mein Je-su, gu - te Nacht!
(Chorus II)
(Chorus I)
7
se-li-ge Ge-bei-ne, seht, wie ich euch mit Buß und Reu be - wei-ne, daß euch mein Fall in

10
Soprano
S.
Habt le-bens-lang vor eu-er
A.
sol-che Not ge-bracht. [𝄌]
Mein Je-su, mein Je-su, gu - te Nacht!
Mein Je-su, mein Je-su, gu - te Nacht!
Mein Je-su, mein Je-su, gu - te Nacht!
Mein Je - - - - - su, gu - te Nacht!
10
(Chorus I)
(Chorus II)
13
S.
Lei - den tau-send Dank, daß ihr mein See - len - heil so wert ge -
15
S.
acht't. [𝄌]
Mein Je - su, mein Je - su, gu - te Nacht!
Mein Je - su, mein Je - su, gu - te Nacht!
Mein Je - - - - - - su, gu - te Nacht!
Mein Je - su, mein Je - su, gu - te Nacht!
15
(Chorus II)

78 Chorus
(Chori I. II)
Fl. Ob.
Vl. Vla.
Cont. Org.
Chorus I
Sopr.
Wir setzen uns mit Tränen nieder und rufen dir
Alto
Wir setzen uns mit Tränen nieder und rufen dir
Ten.
Wir setzen uns mit Tränen nieder und rufen, rufen dir
Basso
Wir setzen uns mit Tränen nieder und rufen dir im
Chorus II
Sopr.
Wir setzen uns mit Tränen nieder und rufen dir
Alto
Wir setzen uns mit Tränen nieder und rufen dir
Ten.
Wir setzen uns mit Tränen nieder und rufen, rufen dir
Basso
Wir setzen uns mit Tränen nieder und rufen dir im

19
A
— im Gra-be— zu: Ru - he sanfte, ru - he sanf-te, sanf - te ruh!
im Gra-be— zu: Ru - he sanfte, ru - he sanf-te, sanf - te ruh!
im Gra - be zu: Ru - he sanfte, ru - he sanf-te, sanf - te ruh!
Gra - be zu: Ru - he sanf - te, ru - he sanf - te, sanf-te ruh!
— im Gra-be— zu: sanfte ruh,— ru - he sanf-te, sanf - te ruh!
im Gra-be— zu: sanfte ruh,— ru - he sanf-te, sanf - te ruh!
im Gra - be zu: sanfte ruh,— ru - he sanf - te, sanf - te ruh!
Gra - be zu: sanf - te ruh, ru - he sanf - te, sanf-te ruh!
19
A
25
29
33

37 B
Wir — se - tzen uns mit — Trä - nen nie - der und ru -
Wir — se - tzen uns mit — Trä - nen nie - der und ru -
Wir se - tzen uns mit Trä - nen nie - der und ru -
Wir se - tzen uns mit Trä - nen nie - der und ru -
Wir — se - tzen uns mit — Trä - nen nie - der und ru -
Wir — se - tzen uns mit — Trä - nen nie - der und ru -
Wir se - tzen uns mit Trä - nen nie - der und ru -
Wir se - tzen uns mit Trä - nen nie - der und ru -
37 B
42 C
- - fen dir im — Gra - be — zu: Ru - he sanf - te, ru - he
- - fen dir — im Gra - be — zu: Ru - he sanf - te, ru - he
- - fen dir im Gra - be — zu: Ru - he sanf - te, ru - he
- - fen — dir — im Gra - be zu: Ru - he sanf - - - te, ru - he
- - fen — dir — im — Gra - be — zu: sanf - te ruh, — ru - he
- - fen — dir — im Gra - be — zu: sanf - te ruh, — ru - he
- - fen dir im Gra - be — zu: sanf - te ruh, — ru - he
- - fen — dir — im Gra - be zu: sanf - te ruh, ru - he
42 C
p pp f

47
sanf-te, sanf - te ruh! Ruht, ihr aus - - - ge-sog-nen Glie-der,
sanf-te, sanf - te ruh! Ruht, ihr aus - - - ge-sog-nen Glie-der,
sanf - te, sanf-te ruh! Ruht, ihr aus - ge - sog - nen Glie-der,
sanf - te, sanf-te ruh! Ruht, ihr aus - ge - sog - nen Glie-der,
sanf-te, sanf - te ruh! Ru - het
sanf-te, sanf - te ruh! Ru - het
sanf - te, sanf-te ruh! Ru - het
sanf - te, sanf-te ruh! Ru -
47
53 D
ruht, ihr aus - ge-sog-nen Glie-der!
ruht, ihr aus - ge-sog-nen Glie-der!
ruht, ihr aus - ge - sog - nen Glie-der!
ruht, ihr aus - ge - sog - nen Glie-der!
sanf-te, ru-het wohl! Ru-het sanf-te, ru-het
sanf-te, ru-het wohl! Ru-het sanf-te, ru-het
sanf-te, ru-het wohl! Ru-het sanf-te, ru-het
het! Ru -
53 D

59
E
Eu - er Grab und Lei - chen - stein soll dem ängst - li -
Eu - er Grab und Lei - chen - stein soll dem ängst - li -
Eu - er Grab und Lei - chen - stein soll dem ängst - li -
Eu - er Grab und Lei - chen - stein soll dem ängst - li -
wohl!
wohl!
wohl!
het!
64
F
chen Ge - wis - sen ein be - que - mes Ru - he - kis - sen und der Seel - len Ruh -
chen Ge - wis - sen ein be - que - mes Ru - he - kis - sen und der See - len Ruh -
chen Ge - wis - sen ein be - que - mes Ru - he - kis - sen und der See - len Ruh -
chen Ge - wis - sen ein be - que - mes Ru - he - kis - sen und der See - len Ruh -
Ru - het
Ru - het
Ru - het
Ru -

69
statt, der See - len Ruh - statt sein. Höchst ver - gnügt,
statt, der See - len Ruh - statt sein. Höchst ver - gnügt,
statt, der See - len Ruh - statt sein. Höchst ver - gnügt,
statt, der See - len Ruh - statt sein. Höchst ver - gnügt,
sanf - te, sanf - te ruht!
sanf - te, sanf - te ruht!
sanf - te, sanf - te ruht!
het!
69
f
75
p pp ppp
höchst ver - gnügt schlum - mern da die Au - gen ein.
p pp ppp
höchst ver - gnügt schlum - mern da die Au - gen ein.
p pp ppp
höchst ver - gnügt schlum - mern da die Au - gen ein.
[p] [pp] [ppp]
höchst ver - gnügt schlum - mern da die Au - gen ein.
75
p pp ppp

81
[f]
87
p
pp
f
93
Wir— se - tzen uns mit— Trä-nen nie - der und ru - - fen dir—
Wir se - tzen uns mit— Trä-nen nie - der—— und ru - - fen dir—
Wir se - tzen uns mit Trä-nen nie - der und ru - fen, ru - fen dir—
Wir se - tzen uns mit Trä-nen nie - der und ru-fen dir im
Wir— se - tzen uns mit— Trä-nen nie - der und ru - - fen dir—
Wir se - tzen uns mit— Trä-nen nie - der—— und ru - - fen dir—
Wir se - tzen uns mit Trä-nen nie - der und ru - fen, ru - fen dir—
Wir se - tzen uns mit Trä-nen nie - der und ru-fen dir im
93

99
A²
im Gra-be zu: Ruhe sanf-te, ruhe sanf-te, sanf-te ruh!
Gra - be zu: Ru-he sanf - te, ru-he sanf - te, sanf-te ruh!
im Gra-be zu: sanf-te ruh, ru-he sanf-te, sanf-te ruh!
Gra - be zu: sanf - te ruh, ru-he sanf - te, sanf-te ruh!
105
109
113

117 B²

Wir_ se - tzen uns mit_ Trä-nen nie - der und ru - - fen_ dir_
Wir se - tzen uns mit_ Trä-nen nie - der und ru - - fen_ dir_
Wir se - tzen uns mit Trä-nen nie - der und ru - - fen dir
Wir se - tzen uns mit Trä-nen nie - der und ru - - fen_ dir_

Wir_ se - tzen uns mit_ Trä-nen nie - der und ru - - fen_ dir_
Wir se - tzen uns mit_ Trä-nen nie - der und ru - - fen_ dir_
Wir se - tzen uns mit Trä-nen nie - der und ru - - fen dir
Wir se - tzen uns mit Trä-nen nie - der und ru - - fen_ dir_

117 B²

123 C²

im_ Gra - be_ zu: Ru - he sanf-te, ru - he sanf-te, sanf - te ruh!
_ im Gra - be_ zu: Ru - he sanf-te, ru - he sanf-te, sanf - te ruh!
im Gra - be_ zu: Ru - he sanf-te, ru - he sanf - te,sanf-te ruh!
im Gra - be zu: Ru - he sanf - - te, ru - he sanf - te,sanf-te ruh!

im_ Gra - be_ zu: sanf- te ruh,_ ru - he sanf-te, sanf - te ruh!
_ im Gra - be_ zu: sanf- te ruh,_ ru - he sanf-te, sanf - te ruh!
im Gra - be_ zu: sanf- te ruh,_ ru - he sanf - te,sanf-te ruh!
im Gra - be zu: sanf - te ruh, ru - he sanf - te,sanf-te ruh!

123 C²

Fine